体育消费视域下的体育产业发展研究

刘海山　昝登良　陈　辉　著◎

吉林大学出版社
·长春·

图书在版编目（CIP）数据

体育消费视域下的体育产业发展研究 / 刘海山，昝登良，陈辉著．— 长春：吉林大学出版社，2023.1
 ISBN 978-7-5768-0348-8

Ⅰ．①体… Ⅱ．①刘… ②昝… ③陈… Ⅲ．①体育产业—产业发展—研究—中国 Ⅳ．① G812

中国版本图书馆 CIP 数据核字（2022）第 165939 号

书　　名：体育消费视域下的体育产业发展研究
　　　　　TIYU XIAOFEI SHIYU XIA DE TIYU CHANYE FAZHAN YANJIU

作　　者：刘海山　昝登良　陈　辉 著
策划编辑：邵宇彤
责任编辑：杨　平
责任校对：柳　燕
装帧设计：优盛文化
出版发行：吉林大学出版社
社　　址：长春市人民大街4059号
邮政编码：130021
发行电话：0431-89580028/29/21
网　　址：http://www.jlup.com.cn
电子邮箱：jldxcbs@sina.com
印　　刷：三河市华晨印务有限公司
成品尺寸：170mm×240mm　　16开
印　　张：12
字　　数：195千字
版　　次：2023年1月第1版
印　　次：2023年1月第1次
书　　号：ISBN 978-7-5768-0348-8
定　　价：78.00元

版权所有　　翻印必究

前言 preface

　　体育产业是在一定的经济和文化条件下产生和发展的，作为我国经济发展中的一个重要支柱，体育产业在国民经济发展中发挥着重要的作用，同时，在满足社会大众体育需求、提高人民生活质量等方面也起着越来越重要的作用。近些年，我国经济保持持续平稳的发展，体育产业在这种良好的大环境下也实现了快速的发展，并已经逐渐渗透到人们的日常生活中。

　　在我国体育产业快速发展的同时，社会大众体育消费的需求也在日渐增长，这也是促进我国体育产业快速发展的一个重要原因。体育消费需求的增长在一定程度上反映了人民消费水平的提高，也反映了人们对健康生活的追求，尤其在"全民健身"理念的影响下，社会大众参与体育运动的积极性日渐提高。

　　本书便是以社会大众体育消费需求的增长为切入点，针对我国当前体育产业的发展展开的研究。全书一共八章，前两章分别对体育产业和体育消费进行了基础性的阐述；第三章从心理学、经济学、文化学和社会学四个维度对体育消费行为进行了多维度的分析；第四章到第七章则从体育产业中几个重要的子产业着手，依次就竞技体育产业、体育用品产业、体育旅游产业和体育培训产业的发展展开了论述；第八章则站在体育产业全局发展的视角，对体育产业发展的总体思路进行了归纳。

　　本书逻辑清晰，内容丰富，文字叙述力求简洁明了，但在论述过程中难免存在纰漏之处，还请广大读者批评指正。

目录 contents

第一章 体育产业概述 / 1
第一节 体育与体育产业 / 1
第二节 体育产业的历史沿革 / 7
第三节 体育产业的结构 / 14
第四节 体育产业的资源 / 22

第二章 体育消费解读 / 31
第一节 体育消费的基础阐述 / 31
第二节 体育消费的类型与结构 / 35
第三节 体育消费的生长过程 / 41
第四节 体育消费文化解析 / 44

第三章 体育消费行为的多维分析 / 50
第一节 体育消费行为的心理学分析 / 50
第二节 体育消费行为的经济学分析 / 55
第三节 体育消费行为的文化学分析 / 61
第四节 体育消费行为的社会学分析 / 64

第四章 体育消费与竞技体育产业发展 / 69
第一节 竞技体育及其产业阐述 / 69
第二节 竞技体育市场消费需求分析 / 74
第三节 竞技体育产业商业价值 / 81
第四节 竞技体育产业发展策略 / 84

第五章　体育消费与体育用品产业发展　/　93

　　第一节　体育用品及其产业阐述　/　93

　　第二节　体育用品消费市场分析　/　99

　　第三节　体育用品产业的组织优化　/　104

　　第四节　体育用品产业品牌竞争力提升　/　110

第六章　体育消费与体育旅游产业发展　/　118

　　第一节　体育旅游及其产业阐述　/　118

　　第二节　体育旅游消费市场分析　/　124

　　第三节　体育旅游资源的开发　/　129

　　第四节　不同区域体育旅游产业的发展　/　135

第七章　体育消费与体育培训产业发展　/　141

　　第一节　体育培训及其产业阐述　/　141

　　第二节　体育培训消费市场分析　/　145

　　第三节　体育培训产业发展机遇　/　150

　　第四节　体育培训产业发展策略　/　153

第八章　体育产业发展的总体思路　/　159

　　第一节　发挥体育产业相关政策的作用　/　159

　　第二节　优化体育产业结构　/　163

　　第三节　增强体育产业人力资源支持　/　169

　　第四节　促进体育产业与"互联网+"的融合　/　176

参考文献　/　182

第一章 体育产业概述

第一节 体育与体育产业

一、体育

（一）体育的概念

关于体育的定义，《现代汉语词典》（第六版）给出的解释"①以发展体力、增强体质为主及任务的教育，通过各项运动来实现……②指体育运动"，这一解释非常直观，且简单易懂。而体育作为人类社会发展过程中特有的一种文化现象，也是人类社会发展历程中必然会出现的一种文化现象。从其产生与发展的历程来看，体育不仅受政治、经济发展的影响，也受文化、生活、意识形态的影响。的确，在人类社会发展的历程中，随着物质需求的不断满足，精神需求逐渐凸显，而体育运动就是调节和满足人类精神需求的一种方式。

"体育"一词，最早出现在法国的报刊上，用以描述儿童身体教育的问题，而后卢梭在《爱弥尔》一书中再次引用"体育"一词，同样是用于描述身体教育方面的内容，自此之后，"体育"一词开始在世界范围内流传开来。在中国，"体""育"两字很早就出现了，也存在"体育"一词，但其概念与当前"体育"的概念相去甚远，现代意义的"体育"一词在我国最早出现于1902年左右，是由一些留学生从国外引入的。自"体育"一词引入我国之后，体育的概念随着社会时代的发展不断变化，这是因为人们的思想认知以及社会环境在不断变化，所以体育的内涵以及人们对体育的认识也就不可避免地会随之发生变化。今天，虽然学界对于体育的概念没有统一，但总体可以从广义与狭义两个角度来解读。

（1）体育的广义概念。体育是指以身体练习为基本手段，以增强人的体质，促进人的全面发展，丰富社会文化生活和促进精神文明为目的的一种有意识、有组织的社会活动。它是社会总文化的一部分，其发展受一定社会的政治和经济的制约，并为一定社会的政治和经济服务。

（2）体育的狭义概念。体育是一个发展身体，增强体质，传授锻炼身体的知识、技能，培养道德和意志品质的教育过程；是对人体进行培育和塑造的过程；是教育的重要组成部分；是培养全面发展的人的一个重要方面。

本书所论述的体育是广义概念上的体育，即将体育看成是社会文化的一个组成部分，是一种有意识、有组织的社会活动。在现代社会中，体育发挥着越来越重要的作用，关于其功能价值，笔者会在下文做进一步的阐述。

（二）体育的基础分类

1. 学校体育

学校体育是在以学校教育为主体的环境中，运用身体运动、卫生保健等手段，有目的、有组织、有计划地对受教育者施加系统影响，以促进其身心健康发展的教育活动。在我国，学校体育是素质教育的重要组成部分，学校坚持"健康第一""学生为本""终身体育"等理念，旨在培养适应社会时代要求、身心协调发展的高素质人才。具体而言，学校体育的任务主要有如下几点。

其一，增强学生身体素质。俗话说："身体是革命的本钱。"对于学生来说，只有具备一个健康的身体，才能投入更多的精力到学习之中，也才能有发展其他素质的基础。尤其是中小学阶段的学生正处在身体发育的关键阶段，通过适量的体育运动，不仅能促进学生身体的发育，还能够增强学生的体质。值得注意的是，近年来我国青少年学生的体质出现了不同程度的下降，所以通过学校体育增强学生的体质将成为学校体育工作的一个重要方向。

其二，传授运动知识与技能，使学生具备一定的体育素养。学校体育课程的主要内容就是传授学生体育知识与技能，这样不仅有助于提高学生参与体育运动的积极性，还可以让学生在掌握体育知识与技能的基础上进行科学的运动与锻炼，使学生终身受益。

其三，培养学生健全的人格。学生健全的人格包括积极向上的人生态度、良好的社会交往意识、对逆境的适应能力等内容，体育教育在这些方面无疑能够发挥非常积极的作用。例如，体育运动中包含众多的群体性运动，需要学生合作才能完成，这能够促进学生合作意识的增强。

其四，为学生终身体育理念的形成奠定基础。体育运动应该是伴随个体一生的内容，而不仅仅是学校学习的一部分。的确，就个体发展来说，具备终身体育的理念，并积极参与体育运动，是能够终身受益的。因此，学校体育要从学生长远发展的角度着手，为学生终身体育理念的形成打下坚实的基础。

2. 竞技体育

竞技体育是指在全面发展身体，最大限度地挖掘和发挥人（个人或群体）在体力、心理、智力等方面的潜力的基础上，以攀登运动技术高峰和创造优异运动成绩为主要目的的一种运动活动。与学校体育不同，竞技体育的核心在于"竞技"二字，追求的是运动技术，是竞技的胜利，是对人类自身的不断超越。竞技体育具有非常长的历史，而在长时间的发展过程中，竞技体育形成了如下特点。

其一，竞技体育具有公平性的特点。公平是竞技体育最基本的特点，没有公平，竞技也便失去了价值。在现代竞技体育中，竞赛的组织者会制定大众认可的竞赛规则，并对竞赛项目的场地、器械、时间、运动员资格等进行严格的规定，从而最大程度地体现竞技体育的公平性。

其二，竞技体育具有规范性的特点。在竞技体育中，参赛者之间会产生激烈的竞争，而为了赢得竞争，参赛者往往会使用各种技术与战术。当然，这些技术与战术的使用通常都是在规范性要求的前提下，其目的一方面是为了确保比赛的公平性，另一方面是为了避免过激技术与战术的使用而造成参赛人员受伤情况的发生。

其三，竞技体育具有娱乐性的特征。竞技体育的娱乐性体现在两个方面：一是自身参与其中；二是作为旁观者。在参与竞技体育的过程中，个体能够从紧张的工作与生活中解脱出来，获得一种愉悦的感受，尤其在取得竞赛的胜利之后，这种愉悦感更加强烈。而旁观者在观看专业运动员比赛的过程中，运动员身上展现的拼搏精神能够给人带来极大的振奋感，并且专业运动员展现出来的专业技能也具有极大的观赏性，这些都可以让观看比赛的人从中获得愉悦感。

3. 社会体育

社会体育是指在闲暇时间里，居民自愿参加的以增强体质、增进健康、增添生活乐趣为主要目的的自主性体育活动。随着人们生活水平的不断提高，人们对生活质量的追求也在逐渐提高，而体育凭借其运动项目的丰富性与娱乐性，逐渐成为人们丰富自己生活质量的一个选择，社会体育因此逐渐形成规模。在现代社会，社会体育具有如下几个特点。

其一，社会体育具有全民性的特点。社会体育面向的是全体人民，不分年龄、性别，每一个人都可以参与进来，达到愉悦身心、强身健体的目的。

其二，社会体育具有自主性的特点。从前面对社会体育的定义便可以知道，社会体育是人们在闲暇时间里自主参与的一种活动，这种活动并不具有强制性，人们可以根据自身运动条件，自主选择体育运动的时间、地点、强度和形式。

其三，社会体育具有多样性的特点。我国幅员辽阔，不同地区的体育活动的内容和形式也有所不同，且各具特色。在呼吁大众积极参与社会体育的时候，要因地制宜、因时制宜，尊重不同地区体育活动的内容与形式，从而推动社会体育的可持续发展。

（三）体育的功能

1. 体育的健身、健心功能

健身与健心是体育最基本、最直接的功能。首先，就健身功能来说，人们通过参与体育运动，能够发展身体基本素质，促进身体各器官机能的改善，提高适应自然与抵抗疾病的能力。例如，对正处在身体生长关键阶段的青少年而言，适量的体育运动可以促进青少年神经系统的完善，促进骨骼的骨化，促进心血管系统的早期成熟。其次，就健心功能讲，人们通过体育锻炼，可以促进个体人格的健全，调节不良情绪，培养良好的心理品质，从而使个体实现身心的协调发展。例如，在工作与生活中，每个人都不可避免地会遇到烦恼，如果不能及时调整不良的情绪，不仅影响工作和生活，还会危害身体的健康。如果此时选择进行适量的体育锻炼，将有助于不良情绪的调节与释放。

2. 体育的教育功能

体育已成为教育的重要组成部分，是培养全面发展人才的重要手段。此处所指的教育并不限于学校教育，社会教育中体育的教育功能同样有所体现。人们通过参与体育运动，可以培养个体良好的道德品质，提高全民的综合素养。例如，在需要团队协作的体育运动中，团队成员彼此之间的合作能够培养个体团结协作的精神。

3.体育的经济功能

在现代社会，体育已经发展成为一门产业，其经济功能越来越凸显。例如，体育用品、体育旅游、体育培训、体育建筑等体育自身产业拥有巨大的市场，而且体育也开始辐射和影响相关的产业，如电视业、商贸业、交通业等，所以如果能够合理地利用体育，必然能够产生巨大的经济效益。另外，体育发展带动体育产业以及其他产业的发展，可以释放更多的市场潜力，增加对人才的需求，从而增加就业人口，这也是其经济功能的一种体现。

二、体育产业

（一）体育产业的定义

对于体育产业的定义，笔者通过查阅资料发现，目前学界对于体育产业的定义并不统一，学者们各自有不同的观点。定义的不同虽然不利于我们直观地理解体育产业的概念，但这也从一定程度上说明了体育产业内涵的丰富性，并且让我们能够从不同的角度对体育产业形成多元的理解。比如，李亚慰在《布局与结构：区域体育产业发展研究》一书中通过分析体育产业的特征，将体育产业的定义为"体育运动及其文化要素以实物或服务的形式进入市场为消费者享用的全部经济联系的综合及相关企业组织的集合"。[①] 尹雨嘉在《当代体育发展诸元导论》一书中认为，体育产业是"指为社会提供体育产品的同一类经济活动的集合以及同类经济部门的总和。这里所说的体育产品包括体育用品与体育服务两个部分；这里所说的经济部门在我国现阶段不仅包括企业，而且包括各种从事经营性活动的其他机构（事业单位、社会团体、家庭或个人）"。[②] 谢朝波则从广义与狭义两个角度入手，认为："从广义层面来讲，体育产业指的是全社会范围内给予体育产品的企业、相关部门的总和，囊括了体育服务业、体育相关产业；从狭义层面来讲，体育产业指的是通过体育劳务的方式给予消费者体育服务产品生产的企业以及相关部门的综合"。[③]

综合上述学者对体育产业的定义，笔者认为对体育产业的界定应该从广义的视角去看，不仅要看到市场所主导的营利行为，也应认识到其树立的为公众

---

① 李亚慰.布局与结构：区域体育产业发展研究[M].上海：上海交通大学出版社，2015：29.
② 尹雨嘉.当代体育发展诸元导论[M].北京：光明日报出版社，2014：133.
③ 谢朝波.当代体育产业发展与体育行为心理探究[M].北京：北京日报出版社，2019：3.

服务的目标；不是将之限定在现有的体育核心产业之内，而是需要包括那些与之相关的活动；不只考虑到实体性的企业生产与销售，也要顾及政府及社会其他机构对体育产业发展所做的贡献。因此，笔者认为体育产业是为社会公众提供体育服务和产品的活动，以及与这些活动有关联的活动的集合。

（二）体育产业的现代价值

1. 体育产业的体育价值

体育产业的体育价值主要体现在对体育事业的促进作用上。作为国家发展的一项重要事业，体育事业一直以来都备受国家和大众的重视，这一点从国家以及大众对奥运会等赛事的关注中便可以看出。目前来看，我国的体育事业整体发展态势良好，在许多方面都取得了不错的成绩，如中国女排在 2019 年的排球世界杯中以 11 连胜的战绩取得了世界杯冠军，为祖国和人民赢得了荣誉。但是，在某些运动项目上，我国仍旧处于世界水平的中下游，如足球。其实，无论哪些运动项目，综合体育事业来看，其发展离不开资金的投入。近些年我国体育事业的发展得到了国家资金的大力支持，但体育事业要想实现可持续的发展，就需要不断引入新的投资主体，充分利用国家和社会组织两个渠道的力量。就社会组织来说，能够投入资金支持体育事业发展的企业大多集中在体育行业，如果体育产业发展较好，便会有更多的资金流入，推动体育事业的发展，从而为促进体育事业的发展提供良好的经济基础。

2. 体育产业的经济价值

体育产业作为国民经济的一个组成部分，与其他产业在经济方面上具有相同性，即注重经济效益。随着我国体育事业的不断发展以及大众参与程度的不断加深，我国体育产业的发展也一直维持在一个较好的态势上，为我国经济的发展发挥了积极的作用。2016—2020 年，我国体育产业的规模分别为 1.9 万亿元、2.2 万亿元、2.66 万亿元、2.95 万亿元、3.0 万亿元，除 2020 年外，增幅一直维持在 10% 以上，2020 年的增幅仅为 1.7%，但在新冠肺炎疫情的影响下依然能够突破 3 万亿元的大关，其产生的经济价值可见一斑。2019 年 9 月 4 日，国务院办公厅印发《关于促进全民健身和体育消费推动体育产业高质量发展的意见》（以下简称《意见》），《意见》指出，体育产业在满足人民日益增长的美好生活需要方面发挥着不可替代的作用，要强化体育产业要素保障，激发市场活力和消费热情，推动体育产业成为国民经济支柱性产业，让经常参加体育锻炼成为一种生活方式。在国家政策的大力支持与引导下，体育产业的规模将进一步扩大，其所产生的经济价值也将进一步提升。

3. 体育产业的社会价值

体育产业包含体育产品与服务等多个方面，将这些方面进行归纳可以大致概括为物质与精神两个层面，而体育产业的社会价值便主要体现在物质与精神这两个层面。就物质层面来说，人类对物质的需求是一直存在的，具体到体育上，就是对体育运动相关产品的需要，如体育器械、体育运动相关的服装、体育文创产品等，体育产业的发展无疑满足了人们上述物质需求。就精神层面来说，体育产业可以通过对大众物质需求的满足，促进大众精神上的满足。另外，体育产业中的服务行业通过为大众提供与体育相关的服务，让大众获得精神上的休闲，甚至获得思想上的升华。比如，体育旅游，作为一种依托体育发展起来的旅游形式，不仅能够帮助旅游者获得精神上的休闲，有时甚至能够使旅游者在旅游的过程中得到思想上的启示，这也是很多人喜欢旅游的一个原因所在。当然，就体育产业来说，其在社会价值的体现上并不像体育运动本身那样纯粹和直接，这是我们需要了解的一点区别所在。

第二节 体育产业的历史沿革

一、我国体育产业的历史沿革

在中华人民共和国成立到改革开放的这三十年间，由于社会大众的消费能力较弱，国家体育产业的发展主要集中在体育用品产业，因此，在该阶段，我国体育用品产业得到了一定程度的发展。然而，体育用品产业只是体育产业的一个组成部分，如果将视线聚焦到整个体育产业，当时我国体育产业的发展可谓是非常薄弱，这一情况直到1978年改革开放后才得到改善。因此，站在整个体育产业发展的视角来看，我国体育产业真正开始萌芽是在1978年，发展到今天，大致可分为三个阶段：萌芽阶段、稳步发展阶段、快速发展阶段，如图1-1所示。

萌芽阶段　　　稳步发展阶段　　　快速发展阶段
（1978—1992年）（1993—2008年）　（2009年至今）

图1-1　我国体育产业发展的三个阶段

（一）我国体育产业发展的萌芽阶段（1978-1992年）

1978年之前，我国的经济体制为计划经济，政府主导经济发展，包括体育产业的发展。而改革开放之后，我国的经济体制开始改革，当然，这种改革是逐步进行的，改革的第一步是政府放权，即在"计划经济为主、市场调节为辅"的原则下，将部分产品的生产和流通适度转让给市场。改革之初，政府的计划职能仍旧发挥着主导作用，但同时开始重视市场的调节作用。1984年，中国共产党第十二届中央委员会第三次全体会议，通过了《中共中央关于经济体制改革的决定》（以下简称《决定》），该《决定》实现了我国经济理论上的重大突破。而具体到体育事业上，一直到1986年国家体委发布了《关于体育体制改革的决定》之后，才拉开了体育事业改革的序幕。此次针对体育体制改革的目的就是为了解决我国竞技体育项目落后、体育后备人才不足的问题，所以此次改革其实并没有涉及体育事业的根本，也没有使体育真正地实现产业化。其实，此时我国仍旧处在经济发展的探索阶段，包括对体育事业的改革同样是在进行探索和试验，这是经济发展的必经阶段。当然，虽然此次体育体制改革没有真正实现体育产业化，但对我国体育事业的发展仍旧起到了非常积极的作用。

第一，促进了体育场馆的市场化。在此次体育体制改革之前，体育场馆的管理权掌握在政府手中，而在此次体育体制改革中，原国家体委指出：在优先保证发展体育事业的前提下，逐步实现场馆面向群众、面向社会，并由行政管理型向经营管理型过渡；在保证体育活动的前提下，发展多种经营，广开财路，提高场馆使用率，逐步做到自负盈亏，以场馆养场馆。由此可知，政府开始放开体育场馆的管理权，允许社会力量进入，并发挥体育场馆的经济职能，从而获得一定的经济效益。在体育场馆管理上的尝试和突破，是体育市场化的第一步，实践证明这种尝试也确实取得了不错的成效，为后来体育真正的产业化开创了一个良好的开端。

第二，促进了竞技体育的市场化。除了在体育场馆方面的尝试和突破之外，政府还逐渐将竞技体育的管理权下放，即允许社会力量举办竞技性的体育赛事，并允许企业通过赞助体育赛事的形式进行企业宣传，这就将竞技体育和经济发展连接了起来，形成了"体育搭台，经济唱戏"的新的形态。由于社会力量可以参与到竞技体育之中，所以体育赛事开始逐渐增多，并显现出其所具有的经济职能。总体来说，此次改革主要围绕体育场馆与体育赛事展开，吸引了社会资金的进入，并产生了一定的经济效益，是一次成功的尝试。

（二）我国体育产业稳步发展阶段（1993—2008年）

1993年，原国家体委发布的《关于深化体育改革的意见》中指出：改变原来在计划经济体制下，单纯依赖国家和主要依靠行政手段办体育的高度集中的体育体制，建立与社会主义市场经济体制相适应，符合现代体育运动规律，国家调控，依托社会，有自我发展活力的体育体制和良性循环的运行机制，形成国家办与社会办相结合、集中与分散相结合的格局。力争在20世纪末初步建立具有中国特色的社会主义体育新体制。此次改革触及了体育体制的根本，即要摆脱计划经济的束缚，建立与市场经济相适应的新的体育体制。《关于深化体育改革的意见》从十个方面指出了体育改革的主要方向，其中一个方面便是"以产业化为方向，增强体育自我发展能力"，这代表着我国体育产业化的萌芽开始破土生长。同年，针对体育产业化的问题，原国家体委又制定了《关于培育体育市场加快体育产业化进程的意见》，进一步明确了体育产业发展的基本思路，即"面向市场，走向市场，以产业化为方向"。

1995年，基于对体育产业重要性的认识，国家体委制定并颁布了《体育产业发展纲要（1995—2010年）》（以下简称《纲要》），《纲要》不仅再次明确了体育产业发展的重要性，还结合我国的国情对体育产业进行了分类：第一类是体育主体产业类，指发挥体育自身的经济功能和价值的体育经营活动，如体育竞赛表演、训练、健身、娱乐、咨询、培训等方面的经营；第二类是为体育活动提供服务的体育相关产业类，如体育器械及体育用品的生产经营等；第三类是体育部门开展的旨在补助体育事业发展的其他各类产业经营活动，即多种经营，如酒店、房地产开发等。在对我国体育产业进行分类的基础上，针对我国体育产业的发展，《纲要》还制定了具体的发展目标：到20世纪末，基本形成以体育主体产业为基础、多业并举、多种所有制并存、共同发展的产业发展新格局；重点培育和发展体育健身娱乐市场，体育竞赛表演市场，体育人才、技术信息市场和体育用品市场等；形成一批符合现代企业制度、产权明晰、开展体育经营、综合开发、效益显著、规模发展的股份制企业或企业集团。

2006年，经过多年的发展，我国的体育产业已经取得了一定的成果，但同样也出现了一些问题，基于对成果和问题的分析与总结，国家体育总局颁布了《体育事业"十一五"规划》（以下简称《规划》），《规划》指出：初步建成与大众消费水平相适应，以体育服务业为重点，多业并举、门类齐全、结构合理、规范发展的体育产业体系；形成多种所有制并存、全社会共同参与、共同兴办的格局。与此同时，为了进一步促进我国体育产业的发展，政府积极开展有助于体育产业发展的活动与工作，如体育产业统计、体育服务认证、国家体育产业基地建设、体育服务标准化工作等。

2008年，奥林匹克运动会的成功举办不仅影响了我国政治、经济与文化的发展，更影响了与之密切相关的体育产业。在2008年以前，大众对于体育的认知与热情相对较低，但奥林匹克运动会的举办，让很多人对体育有了更为深入的认识，也开始关注体育，甚至对体育产生了兴趣。从某种意义上来说，政策只是推动体育产业发展的一个催化剂，社会大众才是影响体育产业发展的最核心的因素。而受奥林匹克运动会的影响，社会大众这一核心因素被调动了起来，我国的体育产业在这一契机下开始进入快速发展的阶段。

（三）我国体育产业快速发展阶段（2009年至今）

从2009年开始，我国体育产业开始进入快速发展的阶段。2010年，国务院办公厅颁布了《关于加快发展体育产业的指导意见》（以下简称《指导意见》），《指导意见》指出：坚持体育事业与体育产业协调发展，在加强体育公共服务、不断提高服务能力和水平的同时，不断增加体育市场供给，努力向人民群众提供健康丰富的体育产品；坚持深化改革、开拓创新，加快建立完善有利于体育产业健康发展的体制机制；坚持依法管理、科学管理，进一步规范体育市场秩序，切实维护消费者和经营者的合法权益。《指导意见》还进一步明确了体育产业发展的目标：到2020年，建立以体育服务业为重点、门类齐全、结构合理的体育产业体系和规范有序、繁荣发展的体育市场；形成多种所有制并存，各种经济成分竞相参与、共同兴办体育产业的格局；形成体育公共服务与市场服务相互结合、体育事业与体育产业协调发展的良好局面。

2014年，针对我国体育产业快速发展以及体育产业发展中存在的体制障碍等问题，国务院发布了《关于加快发展体育产业促进体育消费的若干意见》（以下简称《若干意见》),《若干意见》指出:"充分发挥市场在资源配置中的决定性作用和更好发挥政府作用,加快形成有效竞争的市场格局,积极扩大体育产品和服务供给,推动体育产业成为经济转型升级的重要力量,促进群众体育与竞技体育全面发展,加快体育强国建设,不断满足人民群众日益增长的体育需求。"此外,《若干意见》还从大力吸引社会投资、完善健身消费政策、完善税费价格政策、完善规划布局与土地政策、完善人才培养和就业政策、完善无形资产开发保护和创新驱动政策、优化市场环境七个方面提出了具体的政策措施。

2019年,国务院办公厅印发《关于促进全民健身和体育消费推动体育产业高质量发展的意见》(以下简称《意见》),《意见》指出:体育产业在满足人民日益增长的美好生活需要方面发挥着不可替代的作用,要强化体育产业要素保障,激发市场活力和消费热情,推动体育产业成为国民经济支柱性产业。《意见》提出了10个方面的政策举措:一是深化"放管服"改革,释放发展潜能;二是完善产业政策,优化发展环境;三是促进体育消费,增强发展动力;四是建设场地设施,增加要素供给;五是加强平台支持,壮大市场主体;六是改善产业结构,丰富产品供给;七是优化产业布局,促进协调发展;八是实施"体育+"行动,促进融合发展;九是强化示范引领,打造发展载体;十是夯实产业基础,提高服务水平。

总体而言,从2009年至今,我国的体育产业维持在一个快速发展的态势,在很多方面取得了突破,也取得了不错的成果,为我国经济发展以及人民生活品质的提高做出了巨大的贡献。而在政府政策的持续支持下,随着社会大众对体育的重视、消费观念的改变,以及体育产业市场管理机制的不断完善,体育产业不仅能够持续实现规模的不断扩大,也能够实现产业体系的完善和丰富,从而使体育产业在满足人民群众日益增长的体育需求的基础上,成为国民经济发展的支柱性产业。

二、国外体育产业的历史沿革

(一)国外体育产业的兴起

英国在18世纪60年代开始工业革命之后,国家经济开始迅速发展,社会结构也随之发生变化。在这种背景下,一些现代体育项目开始产生,如拳击、橄榄球等,并且开始出现运动俱乐部。而后,随着英国影响力的不断扩大,一些运动项目以及运动俱乐部的模式开始传播到欧洲其他国家,甚至传播到美国，这为现代体育产业的形成奠定了基础。20世纪50年代，虽然欧美国家体育产业已初具雏形，但较低的经济收益使体育产业发展的前景并不是非常乐观。一直到1984年，国际奥委会主席萨马兰奇决定对奥运模式进行改革，并交由美国商人彼得·尤伯罗斯（Peter Ueberroth）运作，尤伯罗斯引入了美国职业体育的模式，使本届奥运会实现了2.5亿美元的盈利。自此之后，国际上很多国家的体育产业似乎被注入了一针强心剂，开始进入快速发展的阶段。

以1998年6月1日为时点，美国证券二级市场中以经营体育产品及劳务为主业以及与体育产业相关的产业资本，占总产值的8.12%；意大利二级市场足球股票占总产值的7.21%，日本野村证券公司的权威人士推算，意大利足球产业资本报酬率在其资本市场31个产业中排位第三；西班牙将本国最著名的10个足球俱乐部推向二级市场后，原来生产要素流动呆滞、市场气氛沉闷的资本市场即刻焕发出新的活力，足球股票成为二级市场最为炙手可热的股票。在足球产业最为发达的西欧六国（意大利、西班牙、法国、英国、德国、荷兰），体育产业资本市场已经完全形成一体化。[①]

自21世纪初开始，随着经济全球化趋势的不断加快，体育产业在国际贸易中也开始显露头角，贸易占比在逐渐增加。尤其随着奥运会的商业化以及亚洲、非洲等国家体育产业的兴起，全球体育产业整体上迎来了发展的黄金时代。此外，作为支撑产业发展的科学技术，航空技术、航海技术、数字化网络信息技术的发展也为全球体育产业的发展提供了良好的技术支撑，这无疑会进一步推动体育产业的发展及其全球化的进程。

（二）国外体育产业发展的现状

就国外体育产业发展的现状而言，无论是产业发展较为成熟的国家，还是正处在产业起步或发展阶段的国家，大致可分为两种发展类型：一种是政府参与型，一种是市场主导型。

1. 政府参与型

政府参与型就是针对国家体育产业发展现状，由政府制定产业发展目标，并采用多种手段进行规范、引导和调控。政府参与型有如下几个特征：

其一，从体育产业发展的规划层面来看，政府通常会在系统分析本国国情

---

① 马道强.京津冀协同发展背景下高校体育资源与体育产业融合的联动发展[M].上海：同济大学出版社，2018：30.

的基础上，对体育产业发展进行战略上的规划，并确定产业发展的目标与方向，然后有步骤地推动规划的实施，从而稳步推动体育产业的发展。

其二，从政府在体育产业发展中的作用来看，政府的作用是不可或缺的。比如，法国体育部针对体育产业制定了"体育就业"发展规划，并通过运用多种手段推动该计划的实施；日本文部科学省针对体育产业的发展制定发展目标与规划。

其三，从发展的状态来看，这些国家前期存在的大量非营利性机构开始向营利性机构转变，因为现代体育商业化已经成为一个趋势，只有实现盈利才能保障体育的可持续发展。而在非营利机构向营利机构转变的过程中，政府所发挥的职能作用在逐渐减弱，社会力量在逐渐介入。

2. 市场主导型

顾名思义，市场主导型就是体育产业的发展由市场主导，而不是由政府主导。在市场主导型中，体育产业发展的原动力来自参与主体对经济效益的追求，同时，参与主体间的良性竞争也能够成为促进体育产业发展的动力。与政府主导型不同，市场主导型具有如下几个特征：

其一，从政府在体育产业发展中的作用来看，由于政府处于辅助性的地位，所以其作用通常是通过立法和执法对市场进行约束，以维持体育产业发展的正常秩序，确保参与主体间进行合理的竞争，并保护消费者的权益。至于市场如何发展，参与主体如何经营等，政府不会进行干涉。

其二，从体育产业的结构框架来看，采用这种模式的国家一般都有较为完善的俱乐部体制和职业联盟体制，并且所有的主要体育俱乐部和职业体育联盟都采用面向市场的法人治理结构，所有权和经营权分离的趋势明显，委托和代理的经营方式十分普遍，高素质的经理人员队伍不断壮大，跨国经营的大公司、大集团越来越多。

其三，从体育市场体系的角度来看，市场主导型模式较为成熟的国家，其体育市场体系一般较为成熟，涵盖了体育产业的方方面面，如职业体育市场、体育用品市场、体育中介市场、体育健身市场等，并且各个市场之间形成了良性的互动关系，推动着体育市场整体的良性发展。

综合来看，国外体育产业发展类型受国家政治、经济、文化以及体育自身发展的影响，每种模式都有其发展的优势和不足，关键在于选择适宜的模式，并放大其优势。而在借鉴国外体育产业发展经验的时候，我们同样要考虑我国的国情，有选择地进行借鉴，从而推动我国体育产业的发展和创新。

第三节 体育产业的结构

一、体育产业结构的构成

体育产业结构的构成是复杂的，但综合来看，可大致归纳为行业结构、产品结构、消费结构和就业结构四种，如图1-2所示。

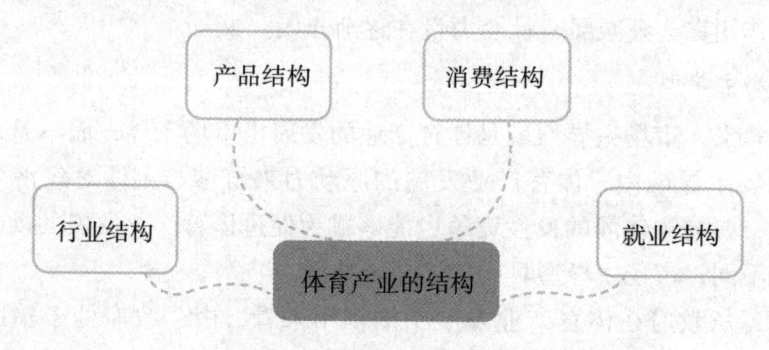

图1-2 体育产业的结构

（一）行业结构

产业的行业结构是指各产业内部不同行业之间在社会生产中相互制约、相互联系的有机结合体。作为社会产业的一个组成部分，体育产业自然也存在行业结构，它能够在一定程度上反映体育产业的结构，即体育产品与相应服务在不同体育行业之间相互联系的流转过程与比例关系。行业结构的形成建立在社会分工与协作的基础上，因此体育产业的行业结构就是体育生产和服务的社会化、专业化、协作化相互作用和发展的结果。就体育产业来说，不同的划分依据，其行业结构也不同。

1. 依据体育的本质进行划分

体育产业在发展的过程中，衍生出了多种体育行业，但如果从体育的本质入手，这些体育行业都能够囊括到健康体育产业与职业体育产业两大类中。

首先，就健康体育产业来说，这是随着社会经济快速发展，大众健康意识不断提升，将体育与健康有机结合起来的一种体育产业。健康体育产业涵盖的范围非常广泛，不仅包括传统意义上的体育锻炼，还包括体育休闲等现代意义上的体育活动。的确，随着人们健康意识的不断提升，人们追求的健康不仅仅是身体上的健康，还有精神、心理上的健康，而体育休闲相关的运动项目便满足了大众对精神、心理健康上的需求。此外，2016年，中共中央、国务院发布了《"健康中国2030"规划纲要》（以下简称《规划纲要》），《规划纲要》以人民健康为中心，提出了普及健康生活、优化健康服务、完善健康保障、建设健康环境、发展健康产业等5个方面的战略任务。在这种大环境下，体育产业与健康的融合将会进一步深入，健康体育产业也将会实现可持续发展。

其次，就职业体育产业而言，这是基于职业体育发展起来的产业。从某种意义上来说，除了健康体育产业之外，其他的体育行业都可以归属为职业体育产业。比如，体育中介行业中的体育俱乐部，其经济效益的产生就是依托于职业赛事，通过门票、广告、转播等方式获得经济报酬。在职业体育中，职业运动员也在一定程度上被商品化，即职业运动员本身的价值最终能够通过经济的形式体现出来，这也是体育俱乐部每年都会根据运动员的表现情况对其价值进行评估的一个重要原因。职业体育蕴含着巨大的经济价值，但就我国职业体育产业发展的现状来看，从产品到服务、到内部管理，其水平还有待进一步提高，否则很难进一步激活潜在的巨大市场，也将影响其可持续发展。

2. 依据体育产业价值实现方式划分

依据体育产业价值实现方式进行划分，我们可以将体育产业的行业结构分为体育服务业与体育用品业两大类。体育服务业的价值实现并不是借助实物产品，而是通过为消费者提供相应的服务获得经济报酬，如体育场地服务、体育健身服务、体育旅游服务等。体育用品业则主要通过实物产品实现其价值，如体育运动器械、体育运动服装、体育建筑等。无论是体育服务业还是体育用品业，虽然近些年我国实现了快速的发展，但由于发展时间较短，所以与一些发达国家相比，仍旧存在一定的差距，这是我们必须认识和客观对待的一点。

（二）产品结构

就体育产业内部结构而言，产品结构是最为基础，也是最为广泛的层次，因为在体育产业中，很多内容最终都是通过产品凝结其经济价值的。从这一层面来看，体育产品结构的变化无疑会影响体育产业结构的变化。的确，在体育产业发展的过程中，体育产品的规模、质量、种类等内容的变化都会在一定程度上影响体育产业的发展。从体育产品的物质形态来看，体育产品结构可分为有形结构与无形结构，有形产品结构就是有实物产品，无形产品结构就是没有实物产品，主要表现为体育劳务形态。

随着我国制造业的发展，有形体育产品目前已经基本能够满足我国市场的需求。以体育服装产品为例，近些年我国已经打造出李宁、安踏等知名的运动品牌，这些国产品牌在赢得社会大众口碑的基础上，产品规模也在不断扩大，推动了我国有形体育产品的发展。而在李宁、安踏等知名运动品牌的带领下，越来越多的国产运动品牌凭借着自身特色逐渐走进社会大众的视线之中，并取得了不错的成绩，如特步、361度、匹克等品牌。

而无形体育产品大体可分为参与性体育劳务产品与观赏性体育劳务产品两类。参与性体育劳务产品主要由体育健身业、体育场地服务业、体育康复保健业等提供。在我国体育产业发展的早期，国家对于上述行业的发展并不是十分重视，导致参与性体育劳务产品不能很好地满足社会大众的需求，尤其在体育场地服务业中体现得更为明显。而近些年，随着国家对社会大众健康的重视以及一系列体育产业发展政策的颁布，参与性体育劳务产品无论是在量上还是在质上，都取得了一定的发展与突破。当然，目前来看，参与性体育劳务产品在某些方面仍旧存在一定的不足，如体育场地方面，而针对这一问题，国务院办公厅在2020年颁布的《关于加强全民健身场地设施建设发展群众体育的意见》中指出：完善健身设施建设顶层设计，增加健身设施有效供给，补齐群众身边的健身设施短板，大力开展群众体育活动，争取到2025年，有效解决制约健身设施规划建设的瓶颈问题。

观赏性体育劳务产品主要由体育竞赛业提供，即为喜欢体育竞赛的大众群体提供体育赛事演出。根据体育赛事举办的地域和参与成员的不同，体育赛事又可以分为国际体育赛事与国内体育赛事。在上述两种赛事中，由于我国在某些运动项目上表现得并不是非常出色，如篮球、足球，导致国内体育赛事的人气不如国际赛事的人气高，这也在一定程度上制约了我国体育竞赛业的发展。相较于篮球、足球而言，虽然我国在乒乓球、排球等方面具有非常出色的表现，但由于这些运动项目的群众基础不是很好，所以相关赛事的人气同样不是很高。在上述种种原因的影响下，目前我国体育竞赛业的发展并不是非常乐观，即国内的观赏性体育劳务产品并不能满足国内社会大众的需求，这是需要我国体育工作者深思的一个问题。

（三）消费结构

消费结构是包含需求结构和供给结构、收入结构和价格结构的相互制约、相互联系的结构。从根本上讲，体育产业的产生就是因为存在需求，其发展就是要不断满足这种需求，才能保证体育产业实现可持续发展。由此可见，体育的消费结构从根本上影响着体育产业的发展。根据体育消费的形式，体育的消费结构可分为劳务性消费与物质性消费两种。劳务性消费是指人们体育健身、体育赛事观赏、休闲体育等方面产生的服务性消费；物质性消费则是指人们用于购买体育相关的实物产品所产生的消费。

其实，无论是劳务性消费还是物质性消费，都可以从人的需求角度进行分析，即人类消费行为的产生归根结底都是由需求产生的，这是人们进行消费的最根本的动机。简单来说，当人类某方面的需求出现之后，便会驱动人类产生相应的行为（如购买行为），从而促使其需求得到满足。比如，人们为了使身体更加健康，会购买一些体育器械和适合运动的服装，从而更好地辅助自己运动，进而使身体健康的需求得到满足。

当然，无论是哪种体育消费形式，从整体来说，体育消费结构应该是合理的。这种合理性体现在两个方面：一是消费形式的结构合理，二是消费的薪酬支出合理。消费形式的结构合理是指劳务性消费与物质性消费的比例应该是协调的，而在我国体育产业发展的初期，由于种种主客观因素的影响，体育物质性消费明显高于体育劳务性消费。近些年，随着社会大众消费意识的改变以及国家对"健康"理念的重视，劳务性消费与物质性消费的比例逐渐趋于协调。消费的薪酬支出合理是指体育消费结构要充分考虑社会大众的消费能力，因为只有不超出社会大众的消费能力，他们才有可能参与到体育消费中，而当更多的人参与到体育消费中，便会产生规模经济效应，即体育产业产品产出的平均成本下降，这样无疑会产生更多的利润，在这种态势下，消费者与生产者之间能够实现双赢。综上所述，体育产业在发展的过程中，体育消费结构应该是不断趋于合理的，这样才能促进体育产业的可持续发展。

（四）就业结构

提到产业就必然会提到就业，也必然会提到劳动力。从历史发展的经验来看，劳动力是产业发展的必要条件之一，当某个产业流入大量的劳动力之后，该产业一定会实现发展；反之，如果劳动力不足，那么产业的发展一定会受到制约。由此可见，体育产业的就业结构不但受到体育产业自身结构的影响，还受到劳动力这一因素的影响。而且，劳动力具有较强的可塑性，这就导致劳动力之间不仅存在着质的区别，也会形成结构层次的区别，即同等数量的劳动力，其所产生的价值以及产生价值的方式是不同的，这就进一步影响了体育产业的就业结构。

从前文对体育产业的划分可知，我国体育产业的就业结构也可以分为两个部分：一是从事体育服务业，二是从事体育用品业。随着我国体育用品业的发展，如前文提到的李宁、安踏等运动品牌，对劳动力在量与质上的要求越来越高，这在一定程度上促进了社会大众的就业，而随着我国体育运动品牌的崛起，对劳动力的需求将会越来越多，这必然会进一步凸显其在推动社会就业上的积极作用。而在体育服务业中，无论是体育健身服务，还是体育休闲服务，抑或是体育场馆服务，近些年对劳动力的需求也在逐渐增加，同样在一定程度上推动了社会就业。当然，虽然体育服务业与体育用品业都促进了社会就业，但如果进一步分析便可以发现，体育服务业与体育用品业对劳动力需求的结构是不同的。体育用品业属于劳动密集型产业，其对劳动力的需求数量较大，但对劳动力的综合素质要求较低，虽然也需要高素质人才，但比例相对较低；而体育服务业对劳动力数量的要求虽然相对较少，但对劳动力综合素质的要求相对较高，这是二者的不同之处，也是体育产业本身对就业结构影响的一个表现。

论述了体育产业自身对体育就业结构的影响之后，我们再站在劳动力的角度分析劳动力对体育就业结构的影响。其实，包括体育产业在内的任何产业，随着产业的发展，必然会对劳动力产生需求，这种需求通常是多元的、多层次的。从这一层面来看，就业结构其实可以看作是一种劳动力需求与就业需求的供求关系，当社会提供的劳动力能够满足产业发展对劳动力的需求时（即供大于求），产业便占据主动权，能够从劳动力中选择满足自身要求的人才，这时产业的就业结构偏良性，即劳动力整体的素质偏高，但社会的就业结构却偏向不良，即劳动力会有剩余。而当社会提供的劳动力不能满足产业发展对劳动力的需求时（即供不应求），产业便处于被动地位，对劳动力质量的需求也会降低，这时产业的就业结构偏向不良，即劳动力的整体素质偏低，而社会的就业结构则偏良性，即劳动力能够充分就业。其实，从劳动力供需关系上所体现的体育产业就业结构的变化并不是一成不变的，因为从社会发展的历史来看，产业与劳动力的供求关系长久以来都是处在一种动态的平衡之中的,所以其对体育产业结构的影响也是动态的。

二、体育产业的内、外部结构变动

体育产业结构的变动可以从两个层面解读:一个是体育产业的内部结构,一个是体育产业的外部结构,如图1-3所示。

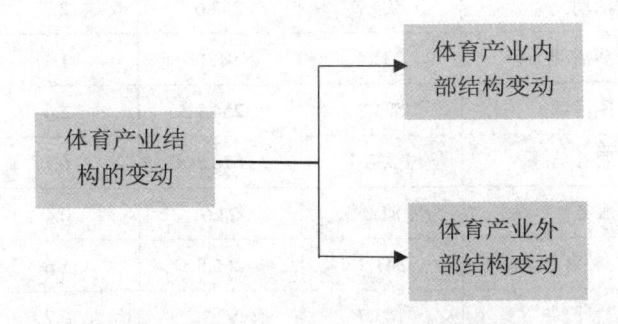

图1-3 体育产业内、外部结构的变动

（一）体育产业的内部结构变动

体育产业在长期的发展过程中,衍生出了多种产业形式,这些产业形式会随着体育产业自身的发展以及时代的变化而改变,这便是体育产业内部结构的变动。在体育产业发展的早期,体育产业主要是为社会大众提供所必需的体育用品,所以体育用品业在整个体育产业中占据主要地位。而随着体育产业以及社会的发展,体育产业的领域在不断拓宽,出现了体育健身休闲产业、体育培训产业、体育传媒产业等服务型的产业形式,产品种类变得愈加丰富,且产业之间的关联性也逐渐提高。当然,在其他产业形式发展的过程中,体育用品同样在快速的发展,其所占的市场规模仍旧很大。根据国家体育总局公布的数据,2019年,我国体育用品以及相关制造业的市场规模占体育产业的46.2%,接近整个体育产业规模的一半,但该数值与2017年的61.4%相比,降低了15.2%。由此可见,人们虽然仍旧十分重视体育用品的消费,但对其他产业的消费热情明显增加,其中变化较为明显两个产业形式是体育健身休闲产业和体育教育与培训产业,各产业形式的占比情况（即内部结构变动情况）具体可参考表1-1与表1-2。

表1-1 2017年全国体育产业状况

体育产业类别名称	总量/亿元 总产出	总量/亿元 增加值	结构/% 总产出	结构/% 增加值
体育产业	21 987.7	7 811.4	100.0	100.0
体育用品及相关产品制造	13 509.2	3 264.6	61.4	41.8
体育管理活动	504.9	262.6	2.3	3.4
体育竞赛表演活动	231.4	91.2	1.1	1.2
体育健身休闲活动	581.3	254.9	2.6	3.3
体育场馆服务	1 338.5	678.2	6.1	8.7
体育中介服务	81.0	24.6	0.4	0.3
体育培训与教育	341.2	266.5	1.6	3.4
体育传媒与信息服务	143.7	57.7	0.7	0.7
其他与体育相关服务	501.6	197.2	2.3	2.5
体育用品及相关产品销售、贸易代理与出租	4 295.2	2 615.8	19.5	33.5
体育场地设施建设	459.6	97.8	2.1	1.3

注：上表数据来源于国家体育总局。

表1-2 2019年全国体育产业状况

体育产业类别名称	总量/亿元 总产出	总量/亿元 增加值	结构/% 总产出	结构/% 增加值
体育产业	29 483.4	11 248.1	100.0	100.0
体育用品及相关产品制造	13 614.1	3 421.0	46.2	30.4
体育管理活动	866.1	451.9	2.9	4.0
体育竞赛表演活动	308.5	122.3	1.0	1.1
体育健身休闲活动	1 796.6	831.9	6.1	7.4
体育场地和设施管理	2 748.9	1 012.2	9.3	9.0
体育经纪与代理、广告与会展、表演与设计服务	392.9	117.8	1.3	1.0

续 表

体育产业类别名称	总量/亿元		结构/%	
	总产出	增加值	总产出	增加值
体育培训与教育	1 909.4	1 524.9	6.5	13.6
体育传媒与信息服务	705.6	285.1	2.4	2.5
体育用品及相关产品销售、贸易代理与出租	4 501.2	2 562.0	15.3	22.8
其他与体育相关服务	1 700.2	707.0	5.8	6.3
体育场地设施建设	939.8	211.9	3.2	1.9

注：上表数据来源于国家体育总局。

（二）体育产业的外部结构变动

体育产业的外部结构变动就是将整个体育产业放到国家经济发展的宏观场景中，分析体育产业对国家经济发展的作用及其地位变动。根据我国的产业划分方式，我国产业被划分为第一产业（农业）、第二产业（工业）与第三产业（服务业），而依据笔者前文对体育产业下的定义——体育产业是为社会公众提供体育服务和产品的活动，以及与这些活动有关联的活动的集合——可知，体育产业显然属于第三产业的范畴。从目前我国经济发展的现状来看，服务业（即第三产业）的发展呈现出一种良好的态势，其在第一、二、三产业中所占的比例在逐年增加，这一点从国家统计局的统计数据中可以更加直观地看出（表1-3）。因此，对体育产业外部结构变动持乐观的态度是基于我国产业整体发展的态势而做出的一个最为基本的推断。

表1-3 2015—2019年我国第一、二、三产业所占比例

年 份	第一产业/%	第二产业/%	第三产业/%
2015年	8.9	40.9	50.2
2016年	8.6	39.8	51.6
2017年	7.9	40.5	51.6
2018年	7.2	40.7	52.2

续表

年 份	第一产业 /%	第二产业 /%	第三产业 /%
2019 年	7.1	39.0	53.9

注：上表数据来源于国家统计局。

此外，从第三产业具体到体育产业本身，笔者仍旧持乐观的态度，即体育产业对我国经济发展的推动作用将日益凸显，且其经济地位也将逐渐提高。笔者提出这一论断主要有两个直观的依据：一是国家政策；二是体育产业发展的具体数据。首先，就国家政策来看，国家近些年推出了一系列有助于体育产业发展的政策，如前文提到的《关于促进全民健身和体育消费推动体育产业高质量发展的意见》《关于加快发展体育产业促进体育消费的若干意见》《关于加快发展体育产业的指导意见》等，这些政策为体育产业的发展提供了指导及保障。其次，就近些年体育产业发展的具体数据来看，根据国家体育总局提供的数据可知，2017—2019 年体育产业的总规模分别为 21 988 亿元、26 579 亿元、29 483 亿元，增速分别为 20.9% 与 10.9%，由此可见，体育产业近些年的增长势头非常强劲。其实，除了上述两个直观的依据外，社会大众体育意识与健康意识的增强也能够从一定程度上预示体育产业的发展势头以及在这种势头下体育产业外部结构的变化情况，但由于意识层面的内容无法用直观的数据说明，所以笔者在此仅将其作为一个主观的参考，不作为客观数据体现。

第四节　体育产业的资源

一、体育产业资源

（一）体育产业资源的定义

何为资源？《辞海》给出的解释是：一国或一定地区内拥有的物力、财力、人力等物质要素的总和。资源可分为两大类：一类是自然资源，如空气、土地、森林、动物等；另一类是社会资源，如信息资源、人力资源等。资源是人类社会发展的基础,而体育资源是支撑体育产业发展的重要基础。所谓体育产业资源,简单来说就是对资源进行了范畴界定,即将资源限定在与体育有关的范畴内。笔者通过查阅文献资料发现学界对体育资源的定义有所不同,比如,任海等人认为:"体育资源是指一个社会用于体育活动,以扩大参与体育活动的人口和提高竞技运动水平在物资、资本、人力、时间和信息等方面的投入。体育资源是发展体育的物质凭借,一般而言,体育资源越充沛,体育活动就越容易开展,其发展水平就越高。但是由于人们的健康需求水平是没有限度的,竞技运动的发展也是没有止境的,因此,体育资源与社会的体育需求之间总是存在着差距,社会越是发展,人们越是感到体育资源的紧缺。"[1]再如,高玉敏等人将体育产业资源界定为:"凡是能影响体育产业发展,并能在参与体育产业发展中产生一定的社会、经济效应的物质和非物质形态的事物或现象。这里我们将体育产业资源概括地理解为能够支持各体育产业部门进行业务活动开展所动用和产生的所有资源的总和。它既包括物质形态的体育资源,也包括非物质形态的体育资源。"[2]在笔者看来,虽然不同的学者对体育产业资源的界定有所区别,但从中不难发现这些定义的共同点,而综合这些共同点,我们便可以将体育产业资源简单地定义为:体育产业发展过程中能够利用的各类条件及要素。

(二)体育产业资源的特点

体育产业资源作为社会资源的一部分,具有资源的相互转化性、资源间的差异性、资源的有限性与无限性三个特点。

1. 资源的相互转化性

社会是在不断发展的,体育产业也是在不断发展的,在发展的过程中,资源并不是一成不变的,包括资源的质、量和性质。的确,在不同的时期、不同的社会环境、不同的需求状况下,资源之间很可能发生相互转换。例如,高山与海洋,随着现代体育项目的不断增多,这两项自然资源已经转化为重要的体育产业资源。

---

[1] 任海,王凯珍,肖淑红,等.论体育资源配置模式——社会经济条件变革下的中国体育改革(一)[J].天津体育学院学报,2001,16(2):1-5.
[2] 高玉敏,沈伟斌,胡瑞敏.中国体育产业发展的理论与实践[M].北京:光明日报出版社,2017:64.

2. 资源间的差异性

由于不同的国家、不同的地区存在经济、文化等方面的差异，会导致人们对体育认知的差异，进而形成体育产业资源的差异性。从宏观角度来说，体育产业的发展受国家及时代的影响，但从中观的角度看，又会受地域的影响（即当地体育文化的影响）。对于不同的地区来说，可能某个地区认为是宝贵的体育产业资源，对于另外一个地区而言便不是有用的体育产业资源。例如，对于一些有赛马习俗的地区，马便是宝贵的体育资源，而没有赛马习俗的地区，马就仅仅是一种动物而已。

3. 资源的有限性与无限性

体育资源的无限性体现在两个方面：一是体育资源利用的潜力是无限的；二是可供我们开发的体育资源也是无限的。在竞技体育中，人们追求的是更高、更快、更强，而要实现这一目标，除了需要不断突破人类自身的极限之外，还需要不断挖掘体育资源的潜力。比如，人类在体育装备上的研究，通过不断研发更加先进的体育装备，辅助人类取得更好的体育成绩。另外，体育产业资源作为资源的一部分，同样可以分为自然资源和社会资源两类，其中，大自然作为人类体育产业资源的一个重要来源，其所具有的资源是无限的，但这种无限性并不代表着人类可以无节制地开发，这样不符合可持续发展的原则，更不符合人与自然和谐相处的理念。因此，即便面对自然资源的无限性，我们也需要常怀一颗敬畏之心，在人与自然和谐相处的基础上获取有限的体育产业资源。

（三）体育产业资源的分类

笔者在前文指出，体育产业资源可分为自然资源与社会资源两大类，这种分类方法是基于体育产业资源的基本属性，而分类依据的标准不同，又会产生不同的类别。比如，体育产业资源依据要素进行分类，可分为体育产业自然资源、体育产业人力资源、体育产业设施资源、体育产业信息资源等；依据所处领域的不同，又可分为社会体育产业资源、竞技体育产业资源、学校体育产业资源。由此可见，依据的分类标准不同，体育产业资源的分类也不同，所以笔者将针对上述几种方法做简要的阐述，以便我们对体育产业资源有更为深入的认识。

1. 依据属性进行分类

体育产业资源依据属性进行分类，可分为体育产业自然资源与体育产业社会资源。其中，体育产业自然资源是指以天然形态存在于自然界的资源，如江河湖海、山峰、雪场等。对于一些特殊的体育项目，这些自然资源是不可或缺的，如冲浪、登山等项目。体育产业社会资源是指除自然资源外的所有资源，如信息资源、人力资源、设施资源等都属于社会资源。相较于自然资源，体育产业社会资源涵盖的范围更加广泛，也更为复杂，这也是为什么会产生多种分类方式的一个重要原因。

2. 依据要素进行分类

体育产业资源依据要素进行分类，可分为体育产业自然资源、体育产业人力资源、体育产业设施资源、体育产业信息资源等。其中，自然资源与上文阐述的范畴相同，在此不再赘述。体育产业人力资源是指从事体育相关工作的人员（包括职业运动员）以及其他形式的各种参与者（如体育爱好者）。以前对体育产业人力资源的认识比较狭窄，将其局限在工作者的范畴内，而如今将各种参与者都涵盖进了体育产业人力资源的范畴，因为这个群体的数量是庞大的，他们所产生的影响是不容忽视的。体育产业设施资源包括体育场馆与相关的设备器材，这是开展体育活动的物质载体，同样是不可或缺的。体育产业设施资源既包括政府和私人投资建设的场馆与器材设备，也包括小区、公园中的为社会大众健身提供方便的健身器材。体育产业信息资源是人们从事体育产业实践的记录，它汇集了体育工作者以及社会科学和自然科学工作者探讨、认识和实践的成果，反映了一定时代、一定区域、一定社会条件下，人们对体育产业的认识和实践水平状况，预示着未来体育产业的发展趋势和方向。体育市场的健身信息、政府管理信息、媒体信息、俱乐部信息等都属于体育产业信息资源。

3. 依据所处领域的不同进行分类

在前文对体育进行分类时，笔者将体育分成了学校体育、竞技体育与社会体育，所以针对体育产业在上述领域分布的不同，我们可将体育产业资源分为社会体育产业资源、竞技体育产业资源、学校体育产业资源。社会体育产业资源是指用于社会体育产业活动的各种资源，这是推广社会体育的必要的资源投入。竞技体育产业资源是指用于竞技体育活动的各种资源，以便满足竞技体育发展的需求。学校体育产业资源主要为学校的体育教育服务，所以也可以将其归属到教育资源的范畴。当然，由于大学校园具有较强的开放性，其体育资源可供社会人士使用，所以学校体育产业资源属于一种综合性的体育资源。

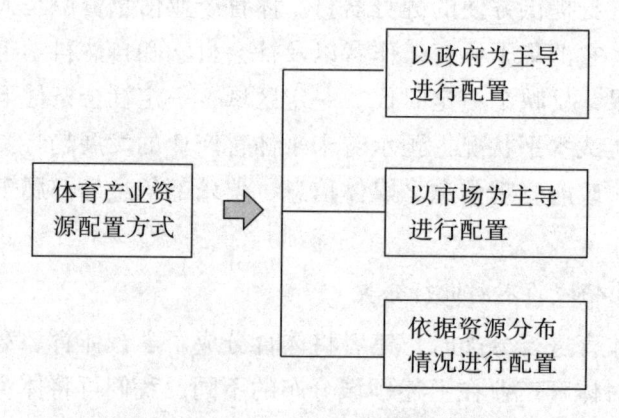

二、体育产业资源配置

（一）体育产业资源配置的含义

对资源进行配置的目的通常是为了使有限的资源发挥最大的效用。体育产业资源配置同样如此，因为在某个地区、某个时期、某个特定的条件下，可能会出现体育产业资源相对紧缺的情况，这时就需要对其进行合理的配置，使相对紧缺的资源得到充分且有效的利用，从而满足体育产业发展对资源的需求。通常而言，资源配置分为两个层次，较高层次是指资源如何分配于不同部门、不同地区、不同生产单位，其合理性反映于如何使每一种资源能够有效地配置于最适宜的使用方面；较低层次是指在资源分配为既定的条件下，一个生产单位、一个地区或一个部门如何组织并利用这些资源，其合理性反映于如何有效地利用它们，使之发挥尽可能大的作用。

（二）体育产业资源配置的方式

体育产业资源配置的方式有多种，目前常见的方式主要有三种，如图1-4所示。

图1-4 体育产业资源配置的方式

1. 以政府为主导进行配置

以政府为主导进行体育产业资源的配置就是充分发挥政府部门的作用，由政府部门进行资源的规划以及分配的落实。而为了使资源的配置趋于合理，政府需要对市场进行全面的调查与分析，并对体育市场的未来发展进行科学的预测，才可能做出正确的决策，并制定出科学、合理的资源分配方案。其实，在市场经济的大环境下，在市场发展相对良好的情况下，政府不应该过多干涉体育产业资源的配置，虽然这种方式能够保障资源配置的落实稳步有序地进行，但不利于调动市场活力，从长远发展来看，不利于体育产业的持续发展。

2. 以市场为主导进行配置

以市场为主导进行体育产业资源的配置就是政府不过多介入资源配置的过程，由体育市场中各主体间的竞争决定资源的流向。在体育产业发展的过程中，体育产业资源有时可能是充裕的，有时可能是稀缺的，体育产业资源稀缺必然会产生竞争，即便体育产业资源充裕，各主体为了在充裕的资源中抢占优良资源，也同样会发生竞争。体育产业作为产业的一种形式，其根本目的是追求利益的最大化，所以在竞争的过程中，资源往往会受利益（资本）的影响，流向最有利可图的地方，而不是最想要这些资源的地方。其实，在产业发展的过程中，追求利益无可非议，但对利益的追求不能是不择手段、无所不用其极的，这样容易导致劣币驱逐良币的结果，从而影响体育产业整体的良性发展。因此，在以市场为主导进行体育产业资源配置的过程中，虽然要以市场为主导，但在一些关键时刻，政府依旧需要发挥作用，对市场加以管控和引导，从而引导体育产业能够始终朝着正确的方向前进。这也是笔者使用"政府不过多介入"这种说法的原因。

3. 依据资源分布情况进行配置

依据资源分布情况进行体育产业资源的配置就是结合某个地区的资源拥有情况，就近进行资源的配置。这种资源配置方式出现的主要原因是地域因素，因为有时资源进行跨地区配置会增加资源配置的成本，所以往往会遵循就近的原则。这种配置方式虽然考虑了市场情况，但考虑的范围较小，仅局限于本地区，所以并不能对整个体育市场起到很好的调节作用，从而导致地区与地区之间产生差距。

（三）体育产业资源的合理配置

对体育产业资源进行合理配置是体育产业资源有效管理的一种体现，也是体育资源管理的一个重要目标。至于怎样才能实现体育产业资源的合理配置，笔者认为首先要做的就是选择适宜的资源配置方式。笔者在上文论述了几种资源配置方式，这几种方式既有其优点，也有其缺点，虽然相对而言，以市场为主导进行体育产业资源配置这种方式更为科学和合理，但结合实际情况选择适宜的方式显然更为科学。依据上述三种资源配置方式，我们在结合实际情况进行考虑时，也要将政府职能、市场机制与本地资源情况有机地整合到一起进行系统的考虑，从而在综合权衡利害关系的基础上做出正确的决策。

其次，资源的配置要考虑供需关系。其实，资源配置产生的一个重要动机就是为了满足供需关系，从而使体育产业在资源的支撑下实现持续的发展。在以市场为主导进行体育产业资源配置这一方式中，之所以需要政府适时的介入，就是为了避免体育产业资源受利益的控制，不能流向真正需要资源的地方。因此，在采用以资源分布情况进行配置这一方式时，我们也需要从市场整体发展的角度考虑，在满足本地体育产业发展的基础上，寻求一些新的渠道，将一部分资源分配到更加需要的地方，从而促进体育产业整体的协调发展。

三、体育产业资源开发

（一）体育产业资源开发的原则

1. 充分利用现有资源

体育产业资源开发的一个目的是为了满足体育产业发展对资源的需求，但其实体育产业资源需求的满足并不仅仅只有开发新资源这一路径，充分利用现有资源也能够在一定程度上缓解体育产业发展对资源的需求。现有资源是体育产业发展能够即时利用的资源，这些资源如果能够充分利用，不仅能够避免资源的浪费，也能够节约新资源开发所产生的费用。不得不说，开发新的资源能够满足体育产业发展的需求，但盲目的开发是不理智的，也是不科学的，这种开发应该是在充分利用现有资源的基础上，这是体育产业资源开发应该遵守的首要原则。

2. 全面认识体育产业资源的内涵与特征

认识体育产业资源是对其进行开发的一个重要前提，包括对体育产业资源内涵与特征的认识。的确，如果对体育产业资源不了解，在对其进行开发时便如同摸着石头过河，而且开发之后也很难实现充分的利用。例如，人力资源的流动性较大，这在现代社会体现得尤为明显，而自然资源相对来说流动性较小，受地域性限制较大，所以在开发人力资源与自然资源时要针对资源本身的特点，采用不同的开发方式。

3. 充分考虑市场的需求情况

从某种意义上来说，产业发展的过程其实就是一个不断满足供需关系的过程，而体育产业资源开发的一个目的就是为了满足产业发展的需求。但是，在现实生活中，我们有时会看到一些地区并不考虑市场的供需关系，盲目进行体育产业资源的开发，最终不仅浪费了人力、财力、物力，还导致了优良资源的提前消耗，影响了其后期的发展。因此，在进行体育产业资源开发时，我们要充分考虑市场的供需关系，避免出现开发的资源不能有效利用的情况。

4. 制订资源开发的长远计划

体育产业资源涉及的范围非常广泛，所以开发体育产业资源是一项系统的工程，并不能一蹴而就，也不能一哄而上，要在总体开发目标的指引下，制订长远的开发计划。当然，在制订长远开发计划的基础上，还需要制订中期与短期的开发计划，然后在落实一个个短期计划的过程中确保长远计划的实现。

5. 坚持可持续发展的理念

可持续发展，是指满足当前需要而又不削弱子孙后代满足其需要之能力的发展。可持续发展还意味着维护、合理使用并且提高自然资源基础，这种基础支撑着生态抗压力及经济的增长。可持续发展是一种科学的发展观，是任何一个产业发展过程中都应该遵守的理念。体育产业资源的开发同样要遵守这一理念，我们不能只看到眼前的利益而忽视了长远的利益，不能为了追求利益的最大化而忽视了对自然生态的保护，这是最重要也是最基础的一点。

（二）体育产业资源开发的方法

1. 体育产业资源的内部开发

体育产业资源的内部开发就是借助新的方法、手段或技术，对现有的资源进行纵向（深度）开发，从而使现有的体育产业资源实现利用效率的最大化。体育产业资源的内部开发符合前述开发原则中提到的"充分利用现有资源"的原则，这也是目前我们应该大力提倡的一种体育产业资源开发方法。其实，随着科学技术的不断进步，以及管理理念和方式的不断革新，对体育产业资源进行内部开发的可能性也在逐渐提升。例如，就体育场馆来说，目前体育场馆的数量并不能满足社会大众对体育场馆的需求，所以建设新的体育场馆就显得非常重要，但目前通过管理方式的改革、科学技术的运用，体育场馆的利用率有了一定的提升，这便为新场馆的建设减轻了一定的压力。此外，体育产业资源的内部开发除了可以采取"纵向开发"的方式，还可以采取"逆向开发"的方式，即将以往那种"资源开发→市场"的流程转变为"市场→资源开发"的流程，这样体育产业资源的开发更具针对性，也就能够更大效率的利用所开发的体育产业资源。

2. 体育产业资源的外延开发

体育产业资源的外延开发就是指增加体育产业资源的数量和种类，在原有资源不能满足产业发展需求的时候，开发更多的产业资源，提高产业资源的数量。当然，这种开发不能是盲目的，尤其在开发体育产业自然资源的时候，一定要秉承可持续发展的理念。另外，也可以在原有产业资源类型的基础上开发新的种类，从而进一步丰富体育产业资源类型，拓宽体育产业发展的渠道。例如，一些民族体育项目在当地有着非常悠久的历史，但受文化、地域等因素的影响，其普及性较低，针对这些体育项目，当地可以结合自身发展情况进行适度的开发，并将其与旅游业结合起来，这样不仅有助于当地旅游业的发展，还有助于传统体育项目的传承与发展，可谓一举两得。

第二章 体育消费解读

第一节 体育消费的基础阐述

一、消费与体育消费

（一）消费的含义

关于消费的含义，笔者认为可以先从经济学的角度着手。在经济学中，消费有广义与狭义之分，广义的消费包括生活消费与生产消费两个方面，而狭义的消费单纯指生活消费。从广义角度看，生产消费是指物质生产部门各企业在生产过程中的各种耗费，包括固定资产耗费和原料、材料、燃料、动力等物质耗费。[①] 在生产的过程中，必然会产生消费，这是生产的必要条件，而生产的一个主要目的就是为了满足社会大众生活消费的需求，所以在经济学中，生活消费常常会被看作是生产消费相对应的一个方面，但无论怎样看待生产消费与生活消费，二者无疑都是社会化大生产过程中的一个重要环节。

当然，消费不仅仅是一种经济行为，马克思曾指出："消费这个不仅被看成终点而且被看成最后目的的结束行为，除了它又会反过来作用于起点并重新引起整个过程之外，本来不属于经济学的范围"。[②] 基于马克思的理论，很多学者受到启发，开始从文化学、社会学、心理学等角度对消费展开研究。笔者通过查阅资料发现，通过其他角度进行论述，消费不单纯是由经济决定的，也不单纯是由生物因素驱动的，而是一种符号运作的系统行为。比如，法国著名社会学家让·鲍德里亚（Jean Baudrillard）在《消费社会》一书中指出："物品在

---

① 赵春新.财政学自学指导[M].北京：中国财政经济出版社，1997：145.
② 中共中央马克思恩格斯列宁斯大林著作编译局.马克思恩格斯文集（第八卷）[M].北京：人民出版社，2009：13.

其客观功能领域以及其外延领域之中是占有不可替代地位的,然而在内涵领域里,它便只有符号价值,就变成可以多多少少被随心所欲地替换的了。因此,洗衣机就被当作工具来使用并被当作舒适和优越等要素来耍弄。而后面这个领域正是消费领域。在这里,作为含义要素的洗衣机可以用任何其他物品来替代。无论是在符号逻辑里还是在象征逻辑里,物品都彻底地与某种明确的需求或功能失去了联系。"[1]于是,消费就不是对物的消耗,而变成符号的生产,生产出来的符号构成一个控制体系,"消费是一个系统,它维护着符号秩序和组织完整:因此它既是一种道德(一种理想价值体系),也是一种沟通体系、一种交换结构。只有看到这一社会功能和这一结构组织远远地超越了个体,并根据一种无意识的社会制约凌驾于个体之上,只有以这一事实为基础,才能提出一种既非数字铺陈亦非空洞论述的假设"。[2]

从以上论述中不难发现,消费具有多重的属性,即消费总是在一定的环境中,受到社会、自然等诸多因素的影响,而非个体独立的行为。当然,在进一步针对消费含义进行论述之前,我们还需要说明一点,本书论述的消费是狭义上的消费,即我们日常生活中的生活消费。所以在以上论述的基础上,我们可以将消费论述的角度聚焦到社会个体上(虽然前面指出消费并非个体独立的行为,但消费仍旧是围绕个体产生的,二者并不矛盾)。从个体生存与发展的角度看,消费是个体不可或缺的活动之一,这是个体的一种生活方式,也可以看作是一种生存方式。因此,消费其实是人类为了满足生存和发展的需要获得、使用、消耗或享用某些客观对象的行为和过程,它是人类生存的条件、目的和动因,是社会的基本活动之一,对人类社会的延续和发展具有十分重要的意义。可以说,只要生命有机体存在,消费活动就必然存在,这是一种本然的生命现象。

(二)体育消费的含义

体育消费,简单来说就是人们在体育相关方面产生的消费行为,如购买运动器械、运动服饰等实物性消费,观看体育比赛、体育表演等观赏性消费以及参加健身训练、体育活动等参与性消费,这些都属于体育消费。而要深入了解体育消费的含义,我们可以先引用其他文献资料中对体育消费的解读。比如,

---

[1] 让·鲍德里亚.消费社会[M].刘成富,全志钢,译.南京:南京大学出版社,2008:58.
[2] 让·鲍德里亚.消费社会[M].刘成富,全志钢,译.南京:南京大学出版社,2008:60.

张蕾在《体育消费行为影响因素研究》一书中分别从广义与狭义两个角度对体育消费进行了解读:"狭义的体育消费,主要指那些直接从事体育活动的个人消费行为,即消费者参与体育活动以及与体育直接有关的实物产品、精神产品的消费。广义的体育消费,则包括人们为了取得身心健康、陶冶高尚情操、获得美的享受、欢度余暇时间、提高生活质量、促进体力和智力的全面发展而去从事一切与体育活动有直接或间接联系的个人消费行为,即消费者通过支付货币所得到的各种与体育有关的效用。"[①] 再如,杨涛、王芳等人从社会生产力发展的角度着手,认为体育消费是"社会生产力发展到一定阶段的产物,是现代生活消费的一个重要组成部分,是个人在满足基本的生存消费之后,追求'发展和享受'等方面需要的个人及其家庭的消费行为,也是个人在完成正常的工作和必要的家务劳动等时间之外的闲暇时间里的个人消费行为,因此在个人闲暇消费中占有重要的地位,是社会大消费结构中不可缺少的分支"。[②]

虽然不同学者从不同的角度对体育消费进行了不同的解读和论述,但通过对这些论述进行系统的分析,我们可以发现学者们针对体育消费的论述主要指向三个方面,通过对这三个方面进行总结和论述,有助于我们对体育消费的含义有更进一步的认识。

其一,体育消费是以具备一定消费能力的消费者为主体的。在体育消费者,消费者是主体,任何消费行为都是围绕消费者产生的,没有消费者,消费也便无从谈起。当然,对于消费者而言,消费行为产生的一个基础是具备一定的消费能力,如果消费能力不足(包括经济、时间与精力),那么其消费行为便会受到限制,这也是为什么会有学者从社会生产力发展的角度对体育消费进行解读,因为只有当社会生产力发展到一定阶段,当社会大众普遍具有较高的消费能力之后,体育消费才会随之增长。

其二,体育消费能够使消费者的某种需求得到满足。消费行为产生的一个重要因素就是存在某方面的需求,这是促使个体进行消费的一个重要动机。比如,在繁忙的工作和生活之余,个体想要获得身心上的放松以及精神上的愉悦而参与体育活动,如观看体育比赛、参加体育运动,虽然观看体育比赛会产生门票上的消费,参加体育运动会产生运动器械、服饰上的消费,但个体的需求同时得到了满足,而这种满足能够刺激个体再次进行消费。

---

① 张蕾.体育消费行为影响因素研究[M].武汉:武汉大学出版社,2016:14.
② 杨涛,王芳.体育消费者行为学[M].西安:陕西师范大学出版总社,2018:36.

其三，消费主体与消费客体之间存在彼此依赖的关系。综合以上论述可知，消费行为是围绕消费者产生的，所以消费客体（消费品）对消费主体（消费者）必然存在依赖。但消费者在进行消费的过程中会促使其某方面的需求得到满足，这种满足感会促进消费者进行二次，甚至多次的消费，这便是消费主体对消费客体的依赖。因此，我们需要辩证地看待消费主体与消费客体的关系，不能将它们相互割裂开来，这样才能更加全面地理解体育消费并促进体育消费的良性发展。

二、体育消费的特征

体育消费作为人们现代生活消费的一部分，呈现出比较鲜明的特征，具体体现在如下四个方面。

（一）体育消费的多元性

体育消费的多元性体现在两个方面：一是消费主体的多元；二是消费客体的多元。就消费主体来说，进行体育消费的主体不受年龄、性别、职业等因素的限制，每一个具有一定消费能力的个体都可以进行体育消费。即便是不具备经济能力或经济能力较弱的未成年人，在父母家人的帮助下也可以购买自己喜欢的体育运动产品。就消费客体来说，随着社会的不断发展，体育产业的种类越来越丰富，如体育用品业、体育培训业、体育健身休闲业等。其实，仅仅在某一个体育产业中，人们便有非常多的选择，如体育用品业中有体育运动器械、体育运动服饰、体育运动文创产品等；体育健身休闲业中有体育健身、体育健美、体育旅游等。由此可见，人们能够选择的体育消费内容非常丰富和多元。

（二）体育消费的动态性

就体育消费而言，其影响因素很多，如社会经济发展水平、人均可支配收入、产品价格等。这些影响因素的存在使体育消费呈现出动态性的特征，而不是一成不变的。的确，社会经济发展水平的提升以及人均可支配收入的提高都会促进社会大众的消费，体育消费也会随之相应增加。而价格作为影响人们消费的一个重要因素，在一定的范围内与社会大众的体育消费情况呈现一种反比关系，即价格越高，社会大众体育消费的程度就会越低。另外，就体育消费的类型而言，其动态性主要表现为一种周期性的波动，即在某个时间段社会大众对某种类型的体育消费热情很高,但流行周期过后,社会大众消费的热情以及消费需求也会随之降低。其实,这种周期性存在于所有的行业之中,作为经营者要正确看待这种波动,并做好风险预案。

(三)体育消费的非迫切性

美国社会心理学家亚伯拉罕·马斯洛(Abraham Maslow)将人类的需求像阶梯一样从低到高分成了五个层次:生理需求、安全需求、社交需求、尊重需求和自我实现需求。通过马斯洛的需求理论可知,人类最基本的需求是生理需求,如水、食物、睡眠、呼吸等,只有满足了这些最基本的生理需求,才能出现更高级的需求。相较于体育消费来说,衣、食、住、行等生存性的消费是不可或缺的,人们也许可以放弃兴趣爱好等精神层面上的消费,或者降低消费的档次,但绝不会放弃生存性的消费。由此可见,体育消费具有非迫切性的特点,人类只有在满足了与生存有关的迫切需求之后,才会进行非迫切的体育消费。

(四)体育消费对产业的导向性

体育消费是一种需求,产业市场是一种供给,在强调"供给侧改革"的今天,我们注重的是供给结构对需求变化的适应性和灵活性,这样才能提高产业的生产效率,满足人民群众的需求,进而促进社会经济的可持续发展。就体育产业发展来说,要提高供给结构对需求变化的适应性和灵活性,就需要秉承"消费→市场"的理念,充分了解市场,了解体育消费的结构,了解社会大众的消费能力与消费习惯,然后在此基础上对体育产业的布局、结构、门类等进行调整,从而促进体育产业的可持续发展。

第二节 体育消费的类型与结构

一、体育消费的类型

当前的体育消费主要有三种类型:实物型体育消费、观赏型体育消费和参与型体育消费,如图2-1所示。

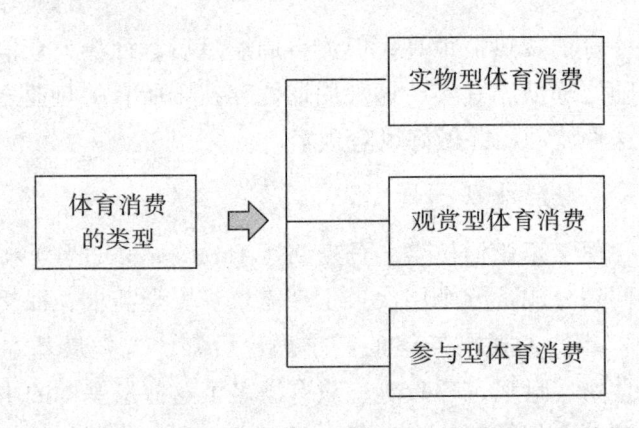

图 2-1 体育消费的类型

（一）实物型体育消费

实物型体育消费是指用货币购买各种与体育活动有关的体育物资的消费行为。实物型体育消费产生的原因有很多，如为了进行体育运动或体育锻炼购买体育器械、运动服饰；或者为了提高身体机能、巩固锻炼效果购买功能性的食品；抑或是为了纪念购买体育纪念品。实物型消费的项目同样很多，如运动服装，包括鞋、帽、手套、箱包等；运动护具、运动器材，有大型和小型、家用和商用之分；户外休闲运动装备，包括睡袋、帐篷、冲锋衣等；运动食品、运动饮料；体育纪念品，包括体育邮票、体育纪念币、球星卡、吉祥物以及杂志、图书、音像制品等。目前，在我国的体育消费中，以体育产品为主的实物型消费仍旧占有非常重要的地位，这一点从前文分析的数据中（即 2019 年我国体育用品以及相关制造业的市场规模占体育产业的 46.2%）可见一斑。

（二）观赏型体育消费

观赏型体育消费通常指人们购买门票、入场券以观看体育比赛的一种消费行为。如今，随着人们生活水平的不断提高和体育比赛观赏性的提升，观赏型体育消费的支出必然会不断增加。与实物型体育消费的多元性相比（实物型体育消费的产品种类非常多，所以其多元性较为突出），观赏型体育消费看似单一（仅仅只有购买门票、入场券这一途径），但其实从消费者（观众）的角度看，也同样具有多元性的特征。的确，虽然同一个体育场馆中的人都在观看体育比赛，但他们观看的动机却存在差别，即观看的需求是不同的，这种动机与需求的不同大致可分为消遣型、偶像型、兴趣型、支持型等。造成这种差异的原因是复杂的，既包括运动项目的因素（运动项目的强度、运动项目的普及程度、运动项目的受欢迎程度等），也包括观众自身的因素（年龄、性别、文化程度、职业等），但无论是哪种类型的观众，在体育赛事开始的那一刻，他们都会快速进入状态，并随着赛事的推进或激动、或惋惜、或振奋，最终在淋漓尽致的自我释放中获得心理上的满足。也许，观众所支持或喜欢的队伍在比赛中没有取得胜利，心中难免有不甘和遗憾，但运动员身上体现的种种精神同样使他们的需求得到了满足，这种满足是偶尔的失败所不能撼动的。

（三）参与型体育消费

参与型体育消费是指人们用货币购买各种和体育活动有关的体育劳务或服务消费资料的消费行为。参与型体育消费需要消费者参与其中，如在健身房购买了体育锻炼服务，消费者需要到健身房参与教练为其设计的健身项目；再如购买了体育旅游产品，消费者需要在导游的带领下参与到旅游项目中。在参与型体育消费中，体育旅游是一个新兴的产业，是将旅游与体育有机结合起来的一种健身方式。由于体育旅游能够满足社会大众健身、休闲的需求，所以体育旅游产业近几年备受人们的青睐，许多地方都建起了体育旅游小镇，且体育旅游产品也向着多元化的方向发展。我国作为一个历史悠久、幅员辽阔的国家，具有发展体育旅游的优越条件，而且休闲旅游行业的相关部门对体育产业的支持力度在不断增强，体育产业和休闲旅游产业的合作前景无疑是非常广阔的。

二、体育消费的结构

体育消费的结构，大致可分为四个部分：体育消费意识、体育消费行为、体育消费资料、体育消费方式（图2-2）。

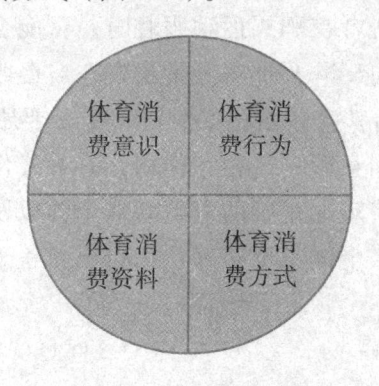

图2-2 体育消费的结构

（一）体育消费意识

意识是人的头脑对于客观物质世界的反映，是感觉、感知、思维等各种心理活动过程的总和。[①] 而体育消费意识就是人作为消费者，在面对体育产品这一客观事物时，头脑中形成的感觉、感知和思维。对于个体来说，其感觉、感知、思维等受多种因素的影响，包括内在因素与外在因素，而体育消费环境、周围人的体育消费行为、体育产业发展程度等都会作为外在因素影响个体的体育消费意识。在多数情况，意识都会先于行为产生，且意识在一定程度上影响着行为，所以分析消费者的意识非常有必要。具体而言，消费者的体育消费意识主要由以下三部分组成：

一是社会或环境消费意识。这种消费意识是后天形成的，受社会以及周围环境的影响。作为生活在社会中的个体，每个人都会受到社会与周围环境的影响，尤其会受到社会环境中消费意识的影响。例如，我国的传统文化，崇尚勤俭节约的传统美德，所以社会大环境的消费意识较为理性，大多会在量入为出的基础上进行理性消费；而在西方一些国家，其社会环境推崇的是享受型消费，所以很多人的消费理念都是超前消费、过度消费。

二是自我消费意识。每个人在发展的过程中都会形成独立的意识观念，其中便包括独立的自我消费意识。自我消费意识的形成是内外因共同作用的结果，并且呈现出一种稳定性与动态性辩证统一的特征。稳定性是指人的消费意识一旦形成，在短时间内相对比较稳定，但随着社会环境以及自身各方面状况的不断变化，人的自我消费意识又会随之变化。例如，随着个体健康意识的不断增强以及经济能力的不断提升，个体在体育消费上的支出必然会随之增加。

三是潜在的消费意识。这种消费意识通常不易察觉，却影响着消费者的体育消费行为。例如，消费者在购买运动服装时，可能会受到广告以及各种宣传的影响，下意识地会倾向于购买那些经常出现在自己眼前的品牌。这便是很多企业愿意花费巨额的广告费宣传自己品牌的一个重要原因。

上述三个消费意识相互影响、相互作用，并最终作用到消费者身上，使消费者形成我们常说的消费观。正确的消费观对个体以及社会发展来说具有非常积极的作用，所以每一个个体都要正确认识自己，正确认识消费，促使自己形成正确的消费观。

[①] 张弛. 一口气读遍心理学常识[M]. 北京：中国商业出版社，2016：56.

（二）体育消费行为

我们从上文对消费意识的分析可知，消费意识是促使消费行为形成的一个重要因素，却不是唯一因素，消费行为的形成受多种因素的影响，在此笔者暂不做阐述，仅针对体育消费行为本身做简要的论述。所谓体育消费行为，是指大众享用体育产品和体育服务的一系列心理活动和生理活动，是指人们在参与和观赏体育活动方面的个人及家庭、社会的消费支出。根据消费主体的不同，体育消费行为可分为个人体育消费行为与社会公共体育消费行为两个方面。

个人体育消费行为是指社会成员个体为了满足自己或家人体育需求而产生的消费行为。在个人体育消费行为形成的过程中，体育市场作为一个中介为消费者提供其所需要的商品或服务，商品或者服务的价值最终以金钱的形式回馈给商品或服务的提供者；而消费者在获得商品或者服务之后得到某种需求上的满足，消费行为结束。社会公共体育消费行为通常指由政府负责的，为满足社会公众体育需求而建设体育相关设施所产生的消费行为。例如，修建体育场馆、体育中心、公园运动设施等，都属于社会公共体育消费行为，这在社会大众体育需求日益增长的今天显得非常有必要。其实，如果将政府归入体育消费者的行列，其在体育消费中的支出也占据一定的比例，但由于政府的公共体育消费行为属于公益性质，所以我们需要将其经济性质剥离，仅仅将其看作是一个单纯的消费行为即可。

（三）体育消费资料

所谓体育消费资料，简单来说就是用以满足人们体育需求的社会产品，属于消费客体。依据不同的标准进行划分，体育消费资料的分类也有所差别。依据消费资料的存在形式划分，可分为实物消费资料（体育用品）与非实物消费资料（体育服务）；依据消费的目的进行划分，可分为生存资料（运动服饰、运动食品等）、发展资料（体育书刊、锻炼器械等）与享受资料（健美高级服务、体育文化珍藏品等）；依据消费活动的内容划分，可分为时间密集型体育消费（即投入的时间比例较高）与物品密集型体育消费（即一定时间内购买体育产品的数量较多）。

需要注意的是，上述三种划分方式并不是相互割裂的，而是相互交错的。在实物型消费与非实物型消费中，无疑都存在着生存、发展与享受这三种需求，也都存在着时间密集型体育消费与物品密集型体育消费两种形式。由此，体育消费资料的复杂性可见一斑。其实，上文笔者已经指出了消费主体与消费客体之间的相互依赖性，这种依赖性其实也可以从消费资料这一客体的复杂性中进行一定的解读：消费资料的复杂性决定着其在消费结构中的渗透，并反映出其在消费结构中的重要作用，所以消费资料在消费结构中是不可或缺的，而消费者作为消费结构中的组成部分，自然会与消费结构整体以及消费结构中的其他组成部分形成关联与依赖。

（四）体育消费方式

顾名思义，体育消费方式就是体育消费的方法与形式，即在一定的社会环境下，消费者与体育消费资料相互联系的方法与形式，这是个体生活方式的组成部分，且随着人们体育意识的日渐提升，其在个体生活方式中的比重也越来越大。个体的生活方式有广义与狭义之分，广义的生活方式包含政治生活、精神文化生活、劳动生活等诸多领域；而狭义的生活方式仅仅只涵盖"衣、食、住、行、乐"等在内的日常生活。此处所提及的体育消费方式显然限定在狭义的生活方式的范畴内，所以这里针对体育消费方式的分析也仅仅局限在个体日常生活的范畴内。结合体育消费资料的性质、体育消费意识与体育消费行为的含义，笔者认为可以从如下两个方面对体育消费方式做进一步的解读。

第一，根据消费者参与方式的不同，体育消费方式可分为直接消费方式与间接消费方式两种。直接消费方式就是消费者直接购买体育产品或者体育服务。这种消费方式直观、易察觉，易于进行数据的统计与分析，是体育消费的主要方式。间接消费方式就是消费者不直接参与体育消费，但是在其他方面的消费中却包括了体育服务相关的内容，如购买的电视服务、网络服务、视频会员服务等，可用于消费者观看体育赛事。虽然间接消费很多时候可以忽略，但间接消费有时可以带动消费者的直接消费，这是其所体现的一个重要价值。

第二，体育消费资料的发展、体育消费手段的变革归根结底是由社会生产方式变革决定的，也就是体育消费方式要体现出社会生产方式的变革，它一方面表现为技术方式的变革，特别是现代科技的迅猛发展使体育产品的类型与功能获得了前所未有的进步。例如，网络信息技术的发展、运动健身器械的智能化，使人们足不出户便可以进行科学的体育锻炼，不再只是单一的公共体育消费方式，消费方式的选择更加多元化。另一方面，在产品购买与支付方式上，网络购物与电子支付的发展又进一步使消费手段变得多元，消费者可以从网上购买所需要的体育产品，并选择更加便捷的电子支付方式。

总之，在创造体育消费的过程中，只有新的体育消费手段和新的体育消费对象不断涌现，形成新的体育消费方式，才能形成新的体育消费，使体育消费需要大幅增长。可以说，体育消费方式是体育消费结构要素的具体表达，它既能够体现出社会生产方式所决定的具有典型形式的消费方式，也可以体现出体育消费活动的具体内容，从而集中反映出体育消费需求导向的变化。

第三节 体育消费的生长过程

纵观体育消费的整个生长过程，大致可分为三个阶段：低层次阶段、中层次阶段和高层次阶段三个，三个阶段依次深入，如图2-3所示。

```
┌─────────────────────────┐
│  体育消费生长的高层次阶段  │
└─────────────────────────┘
            ↑
┌─────────────────────────┐
│  体育消费生长的中层次阶段  │
└─────────────────────────┘
            ↑
┌─────────────────────────┐
│  体育消费生长的低层次阶段  │
└─────────────────────────┘
```

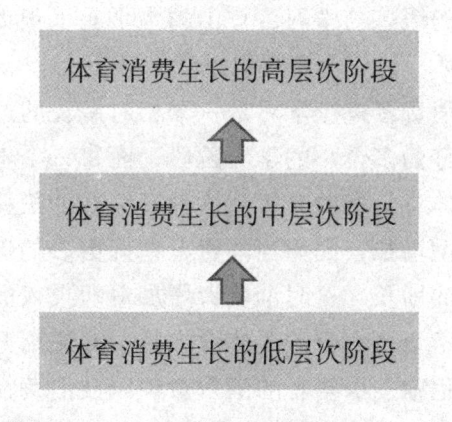

图2-3 体育消费生长过程的三个阶段

一、体育消费生长的低层次阶段

体育消费生长的低层次阶段通常指消费者刚接触体育消费的一个阶段，在这个阶段由于消费者对体育相关内容具有较大的好奇心，所以消费的需求较强烈，希望在短时间内完成消费，从而快速满足自己的需求。但是，也正是因为消费者对体育相关内容不了解，所以其消费通常具有一定的盲目性和不理智性。当然，这个阶段其实本身就是一个消费者学习的阶段，是消费者消费意识形成与消费行为不断更迭的阶段，即随着消费者对体育相关知识的不断了解以及体育技能的不断提升，其消费意识在不断趋于成熟，消费行为也不断趋于理性。

例如，一位从未接触过登山运动的男士，在经过朋友的介绍和推荐之后，对其产生了较大的好奇心，于是想要和朋友一起体验登山的乐趣，并为此购买了一系列登山的装备，但是在体验的过程中，这位男士发现登山并不像想象中那样简单，除了需要具备必要的设备之外，还需要具备较好的体能并掌握一定的技能，才能真正体验并享受登山运动带来的兴趣。在这种情况下，很多人可能会因为短时间内不能体验到登山的乐趣而放弃这项运动，体育消费就此终止，停留在了最初的低层次阶段。但如果消费者选择坚持进行体能的训练，并通过网络视频等多种渠道进行登山技能的学习，如鸭子步，就是将脚掌微张，随着坡度的增加，脚掌张开的角度适度增加，这是一个十分简单却十分有效的方法，在上坡时，能缩短脚打直的时间，而且膝盖承受的压力也会减轻，在下坡时，膝盖的受力也会减少，因为压力大多被脚骨和腿部的肌肉吸收掉。最终，消费者通过不断的锻炼与学习，登山的水平有了很大的提高，也会逐渐体验到登山所带来的乐趣，体育消费得以继续持续下去。

在低层次阶段，消费者进行学习是一个相对漫长的过程，并不是一蹴而就的，但这个过程可以分为多个小的学习阶段，而每一个学习阶段的完成都代表着消费者完成了一次体育消费的升级。这种升级犹如滚雪球一般，并不是线性增长，而是一种指数型增长，因为当消费者掌握更多的运动技能之后，其所获得的乐趣也将是成倍的增长，这时消费者增加消费投入的意愿也会增强，但消费也会趋于理性，即不会再盲目购买体育产品，并逐渐升级到中层次的消费阶段。当然，在这个过程中，消费者的消费意识以及消费行为并不十分稳定，可能会因为种种因素的影响导致其学习过程以及消费生长过程的中断，这种情况也是比较普遍的。

二、体育消费生长的中层次阶段

在体育消费生长的低层次阶段中，消费者经过一段比较稳定的学习期之后，会进入体育消费生长的中层次阶段。在这一阶段，消费者的好奇心被体育运动所产生的乐趣代替，在进行体育消费时不再盲目地进行，而是有一定的知识与经验支撑，所以体育消费呈现出比较明显的稳定性。当然，在这一阶段，由于消费者的眼界提高了，并且接触的体育圈子也在不断扩大，这时容易出现一种不理性的消费行为，即为了追求所谓的名牌，而不考虑自身的消费能力，从而影响了自身的正常生活。这种情况虽然并不多见，却是该阶段中不应该出现的一种不理性的消费行为。

另外，就该阶段消费者的学习行为看，消费者在掌握了一定的基础运动技能之后，会继续保持学习的态势，以便对技能的运用更加熟练或者掌握更多的运动技能。而随着消费者的持续学习，消费者对技能的掌握愈加熟练，有些技能甚至下意识地便可以完成。例如，在登山时，当掌握了一定的呼吸技巧之后，登山者在与他人交谈时也能够有节奏地进行呼吸，从而最大限度地降低体能的消耗。对于消费者而言，运动技能的掌握能够使消费者在参与体育运动的过程中获得更多的乐趣，而这种乐趣作为一种需求的满足，无疑能够促进消费者在体育运动中持续地进行消费。

但是，如果我们进一步深入分析该阶段消费者的消费行为与消费特征，便会发现持续性的体育消费其实是一种理想的状态，因为作为业余的体育运动者，其在技能上达到一定水平后便很难再有质的提升，这时消费者从体育运动中获得的乐趣便会逐渐递减，即我们经常说的边际递减效应，此时如果没有新的动力机制出现（或者动力机制要素发生变化），那么体育消费也会随着消费者体育乐趣的递减而递减。因此，找到新的动力机制或者重建动力机制要素，改变单纯依靠乐趣满足这一动力机制形式，才能打破所谓的边际递减效应，并使消费者进入体育消费生长的高层次阶段。

三、体育消费生长的高层次阶段

当消费者体育消费生长到达高层次阶段时，体育消费的动力结构已经发生了变化，支持消费者继续进行体育消费的动力不再仅仅是乐趣，而是体育消费背后潜藏的更多意义与价值。比如，通过登山运动，消费者不仅能够锻炼身体，还能够磨炼意志力，改善心境，塑造自我。与此同时，消费者在这一阶段也形成了一定的消费习惯，这种消费习惯与消费意识不同，消费意识对消费者的影响更多地表现为一种倾向性，并不会立刻表现为消费行为，但消费习惯却是一种已经形成的消费行为，且是一种较为稳定的消费行为。这种稳定的消费行为一方面表现为对某些运动品牌的喜爱且长期坚持购买该品牌的行为，如消费者在选择运动服装时会长期选择购买李宁、安踏等品牌，因为这些消费者不仅认可这些品牌服装的质量，还认可该品牌所宣传的运动理念与价值；另一方面则表现为消费者长期参与某些体育活动的行为，并为参与这些体育活动支出一定的费用，如喜欢慢跑的人会参加城市每年举办的马拉松比赛，并为了参与比赛购买一些相应的装备。

在体育消费生长的高层次阶段，多数消费者表现出一种比较理性的消费行为，即能够针对自己的消费能力做出理性的判断，也不会对体育运动表现出过度痴迷，能够正确地进行体育运动并理性地进行体育消费，从而获得良好的收益。但在这一阶段也有一些比较狂热的消费者，他们虽然能够结合自己的消费能力进行消费，但消费并不理智，在体育运动上的消费占比很大。比如，有些足球运动的狂热爱好者，会实地观看自己喜欢球队的每一场球赛，而这就需要消费者支付高额的交通费用、住宿费用，尤其需要跨国观看的时候，支付的各种费用会更高。在这种狂热的体育消费行为背后，是消费者对家庭、社会责任以及工作的漠视，其形成的不良社会影响反而会影响体育产业的发展。因此，我们要通过一定的宣传教育，培养人们逐渐形成对个人或社会有益、有价值的良好体育消费习惯，并有效监控着迷上瘾式体育消费行为的广泛传播，防止这些消费行为对体育产业发展以及家庭和社会的稳定造成不良的影响。

第四节 体育消费文化解析

一、体育消费文化的含义

（一）消费文化

文化是人类社会创造的并经过实践检验的优秀成果的结晶，是社会文明的内在本质。作为人类社会文化中的主要组成部分，消费文化是指在一定的历史阶段中，人们在物质生产与精神生产、社会生活以及消费活动中所表现出来的消费理念、消费方式、消费行为和消费环境的总和。在人类发展的过程中，当商业贸易出现之后，消费便逐渐成为每一个人生活中不可分割的一部分，虽然在不同的时代，消费方式有所区别，但消费的本质始终没有改变。消费文化作为依附于消费而形成的一种文化，在消费逐渐渗透到人类日常生活之中的同时其实已经同步产生，只是在不同的时代，由于消费理念、消费方式、消费行为和消费环境不同，所以消费文化的体现也有所不同。

的确，在传统社会，人们的消费理念比较保守，大多以生存型消费为主，且消费的方式也比较单一，所以消费文化一直处于初级阶段。而进入现代社会之后，经济、科技得到了快速发展，且社会制度也在不断趋于完善，人们在满足生存这一基础需求之后，开始产生更多的需求，而这些需求促使了消费文化的兴起。

当然，也有人从社会学的角度着手，认为消费文化的兴起是由于工作与休闲的分化。在传统社会，人们的工作大多服从于自然节奏，工作与休闲之间没有明显的区分。比如，在农作物收获的季节，人们休息的时间被极大地压缩，而到了不能种植农作物的冬季，人们整个季节都是空闲的，所以不会产生休闲的概念。而进入现代社会，人们工作的时间不再受自然约束，而开始服从于机器的节奏，在工业发展的早期，由于机器没有季节的约束，所以人们工作的时间从以前的收获季节变成了全年，在这种状态下，由于长时间的负荷，人们实际的工作效率并不理想，因而逐渐出现了如今这种工作与休闲相结合的形式，工作与休闲出现了制度性的分化。分化后的休闲被赋予了新的功能——劳动力的再生产，并且带动了人们的消费，消费文化自此逐渐兴起。无论是因为哪种原因，消费文化的兴起都促进了社会的发展，也促进了人们生活质量的提高，这一点是毋庸置疑的。

（二）体育消费文化

体育消费文化是在消费文化的大环境下，随着体育运动以及体育产业的发展而形成的一种消费文化，它既是消费文化的一个组成部分，也是体育文化的一个组成部分。体育消费文化不仅包含人类在体育消费领域里所创造出的物质和精神财富总和，也体现了人类对体育消费的价值、习俗、行为、习惯和心理思维的取向。具体而言，我们可以从如下两个方面对体育消费文化做进一步的解读。

其一，体育消费文化受经济、文化等多种因素的影响。人们进行体育消费通常都是以满足一定的物质与精神需求为基础的，但无论是实物型体育消费、观赏型体育消费还是参与型体育消费，都需要消费者具备一定的经济基础，这是影响消费者进行体育消费的首要因素，也是影响体育消费文化形成的一个微观层面的经济因素。站在国家经济发展的宏观层面来看，经济基础决定上层建筑，只有当国家经济发展到一定程度，国家才能有足够的经济实力支撑公共体育设施的建设，如体育场馆、休闲公园等。另外，体育消费文化作为体育文化的组成部分，自然也受体育文化的影响。通常而言，一个国家具有良好的体育文化环境，消费者更容易喜欢体育运动，也容易形成体育运动的习惯，进而促进社会形成比较稳定的体育消费文化。

第二,体育消费文化对人们的消费行为具有一定的引导性。人作为生活在社会环境中的个体,其意识和行为在具有相对独立性的同时,也受社会文化的影响。在体育消费中同样如此,消费者体育消费意识的形成以及做出行为的表现,必然会受到体育消费文化的影响。例如,我国在改革开放的早期,经济开始进入快速发展的阶段,但由于本身经济基础比较薄弱,所以整体经济实力仍旧较低,虽然此时我国体育运动在国际上取得了一些成绩,人民群众参与体育运动的热情很高,但由于当时的体育消费文化倾向于实用型,所以体育消费主要集中在实物产品上,如服装、运动器械。而随着我国经济实力的不断增强和人民生活水平的不断提高,体育消费文化开始从实用型向休闲型过渡,人们体育消费的项目也开始从实物消费向休闲消费转变,如体育旅游、体育健身等。在体育消费文化转变的过程中,有一点需要注意,切忌出现过度享受性以及攀比性的体育消费文化,这些消费文化不仅影响人的健康发展,还会影响体育产业的发展,并败坏社会风气,是需要坚决杜绝的。

二、体育消费文化的特征

体育消费文化既是消费文化的一个组成部分,也是体育文化的一个组成部分,它具有如下四个特征(图2-4)。

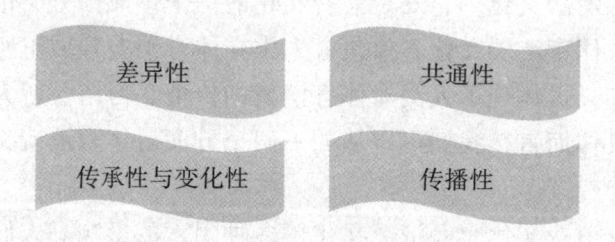

图 2-4 体育消费文化的特征

(一)体育消费文化的差异性特征

体育消费文化的差异性体现在时间与空间两个维度上。首先,就时间维度来说,在不同的历史时期,社会发展必然不同,包括政治、经济、文化上的不同,这些不同必然会导致不同时期体育消费文化的不同。其次,就空间维度来说,不同的地域之间也存在文化、经济、政治上的文化差异,所以同样会导致体育消费文化的差异。比如,我国作为一个具有五千多年历史的文明古国,在历史发展的过程中形成了诸多优秀的文化（如黜奢崇俭），而作为文化的一个组成部分，体育消费文化自然会受整体社会文化的影响；西方一些国家由于倡导享受主义，所以形成的体育消费文化中自然不会有"黜奢崇俭"之说，这是东西方体育消费文化中最明显的一个差异。其实，即便在我国疆域范围内，由于我国幅员辽阔，不同的地区之间具有不同的民俗，所以也存在一定的体育消费文化差异，而这种差异性使我国的体育消费文化呈现出多元化的特点，这是其他很多国家不具备的。

（二）体育消费文化的共通性特征

虽然在不同的时间与空间维度上，体育消费文化存在或大或小的差异性，但因为该文化形成的基础是体育消费，且具有文化的性质，所以仍旧存在很多的共同点，这就使即便在不同的时间与空间维度上，体育消费文化依旧存在共通性的特征。比如，体育消费文化对消费者体育消费的引导作用是一致的，即不同的消费者虽然生活在不同的地区，但必然会受当地体育消费文化的影响。再如，体育消费文化都会对当地的体育产业产生影响，这种影响呈现出一种正相关性，即体育文化越发达，对体育产业的良性影响越大，体育产业的发展越快。

（三）体育消费文化的传承性与变化性特征

体育消费文化作为文化的一种特殊形态，自然也像文化一样存在传承性的特征。传承性通常指时间维度上的传承，即其中的一些文化特征不会随着时间的改变而改变。比如，前文提到的受中国传统文化影响形成的"黜奢崇俭"的消费文化，一直发展到今天仍旧存在，这也是为什么很多人虽然经济能力在不断提升，但针对体育的消费仍旧保持理智的一个重要原因。当然，在体育消费文化传承的过程中，社会在不断发展，这种发展体现在经济、文化、政治等多个方面，而当社会环境发生变化后，受文化大环境的影响，体育消费文化自然也会随之变化。

（四）体育消费文化的传播性特征

无论是人与人之间，还是地区与地区之间，抑或是国家与国家之间，不可能是相互孤立的，必然会产生沟通与交流，这种交流会促使文化之间相互传播与影响，从而使体育消费文化也具有传播性的特征。在古代社会，由于受交通设施的限制，地区与地区之间、国家与国家之间的交流较少，所以体育消费文化的传播也会受到限制。到了现代社会，随着交通设施的不断完善，地区与地区之间的距离被极大地拉近了，而且在经济全球化的背景下，国家与国家之间的交流也增多了，这就引起了彼此之间文化的交流与碰撞。作为文化的组成部分，体育消费文化也在地区与地区、国家与国家之间的交流中相互传播和影响。

三、体育消费文化的组成

从宏观层面来看，文化通常由物质文化、制度文化、精神文化与行为文化组成，而具体到体育消费文化中，它主要由体育物质消费文化、体育制度消费文化与体育精神消费文化三部分组成。

（一）体育物质消费文化

体育物质消费文化是指体育物质生产活动及其产品的总和，它是体育消费文化的基础，是人们能够具体感知到的具有消费实体的文化事物。体育物质消费文化具有直观性、物质性的特点，其存在的目的就是满足人们体育相关方面的物质需求。对于消费者来说，物质需求是最基础的需求，也是进行体育运动的基础。的确，缺少了运动器械，体育运动也便无从展开，体育消费更无从谈起。正是因为体育物质消费文化具有如此强的基础性，所以国家才会投入大量资金修建体育场馆、休闲公园等运动设施，以进一步满足人们体育上的物质需求。

（二）体育制度消费文化

体育制度消费文化是进行各种体育文化活动时，消费主体之间形成的准则，具有强制性、规范性的特点。在体育消费中，仅仅具有消费的物质基础并不能保障消费的正常进行，还需要一定的规范加以约束。其实，在人类发展的过程中，人类在不断创造丰富多彩的物质世界的同时，为了使这个物质世界能够有序运转，必然会制定一定的规范用以约束人类自己，这是人类文明的一个重要体现。确实，与动物相比，人类不仅能够创造出服务自己的事物，更能够创造出约束自己的规则。体现到体育制度消费文化中就是如今被人们普遍接受和遵守的体育消费政策与法律法规，这些体育消费政策与法律法规的存在使体育消费能够始终朝着正确的方向发展。

（三）体育精神消费文化

体育精神消费文化是体育消费文化中的灵魂与核心，其价值在于对社会公众进行体育消费价值观方面的引导。社会大众的体育需求一方面表现在物质上，另一方面则表现在精神上。对于不同的消费者，因为文化程度、经济能力、生活环境的不同，其对体育的精神文化需求也不同，但总体而言，这种精神文化需求对促进个体的发展具有非常积极的意义。与体育物质消费文化和体育制度消费文化不同，体育精神消费文化的形成受国家和社会大众的共同影响，其中，社会大众的影响占主要地位。就社会大众而言，社会大众对体育的精神文化需求及其在消费上的反应共同组成了社会体育精神消费文化，而形成后的体育精神消费文化又反过来影响每一位消费者。就国家层面而言，其作用主要是积极引导社会大众，确保体育精神消费文化向着良性的方向发展。

第三章 体育消费行为的多维分析

第一节 体育消费行为的心理学分析

就个体而言，任何行为的产生都与其心理有着密切的联系，体育消费行为也是如此。本节从心理学的角度着手，依次从消费者消费心理过程与心理状态、消费者个性心理特征、消费者体育消费的需求与动机三个层面切入，分析了消费者体育消费行为和心理的关系（图3-1），最后指出了消费者消费心理与体育市场的双向影响关系。

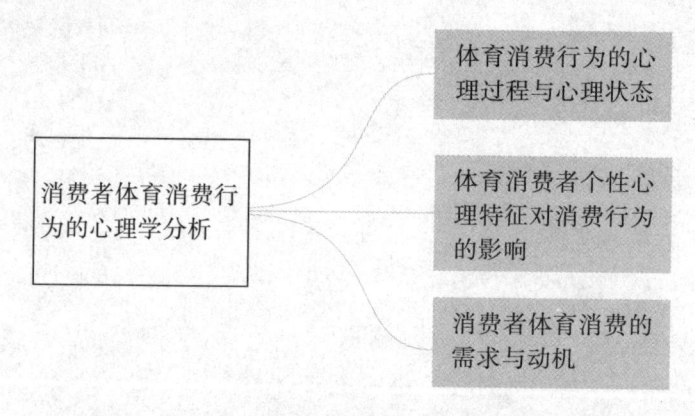

图 3-1 体育消费行为心理学分析的三个层面

一、体育消费行为的心理过程与心理状态

体育消费行为的心理过程大致包含三个阶段：产生、行动、完成。这个过程是体育消费心理的共性现象，即在每一个个体身上都会发生，而在这个过程中，消费者会产生某种心理状态，心理状态不具备共性，即每一个个体在消费过程中所产生的心理状态都不相同，甚至同一个体在不同的消费场景所产生的

心理状态也会存在差别。针对体育消费行为的心理过程与心理状态的研究，我们可以从如下四个方面着手：

（1）消费个体对体育商品以及体育商品相关劳务的认识会影响个体体育消费的心理过程和心理状态。个体在进行体育消费时，商品价值是其考虑的一个重要因素，而体育商品本身以及与其相关的劳务过程会影响体育商品的价值，所以消费个体在判断体育商品的价值时，会对体育商品以及与其相关的劳务过程做出相应的考虑。

（2）个体体育消费的心理过程和心理状态会在个体体育消费活动中有所表现。其实，对大多数人而言，无论是否处在消费活动中，其心理状态与外在行为都存在密切的关系。因此，我们通过分析个体在体育消费中的外在行为，便可以在一定程度上了解个体体育消费的心理过程和心理状态。

（3）就大多数人而言，在包括体育消费在内的各种类型的消费中，存在消费心理的普遍倾向。比如，很多人都存在"物美价廉"的消费倾向。因此，个体消费心理的普遍倾向也是分析个体消费行为心理过程和心理状态的一个抓手。

（4）个体体育消费行为的心理过程和心理状态还会受到卖方的影响。在体育消费过程中，除了必不可少的体育物品之外，还存在两个行为主体——买方和卖方，而买方和卖方之间必然会围绕体育物品产生关系。如果买方和卖方之间围绕体育物品在形式、价格、要求等方面达成一致，则会促使体育消费者消费心理过程的完成，从而使消费者顺利完成体育消费；如果双方最终没有达成一致，则会抑制体育消费者消费心理过程的完成，从而导致消费者中止体育消费。

二、体育消费者个性心理特征对消费行为的影响

如同世界上没有两片相同的叶子，世界上也没有两个完全相同的人，而不同的人会表现出不同的个性心理特征。在体育消费的过程中，消费者的个性心理特征必然会影响消费者的体育消费行为。关于消费者个性心理特征的形成，其影响因素是复杂的，如年龄、性别、职业、文化程度、兴趣等。以兴趣为例，消费者在体育消费中，必然会倾向于购买他们感兴趣的体育产品，并且也愿意花费时间了解相关的内容。比如，喜欢篮球运动的消费者，对篮球相关的体育产品会更加了解，也会更倾向于购买和篮球运动相关的体育产品。

对消费者体育消费心理过程和心理状态的分析能够反映出消费者比较普遍的消费心理现象，很多方面都体现出消费者消费心理现象的一致性；而对消费者个性心理特征的分析，则反映的是不同消费者消费心理现象的差异性。对消费者消费心理过程和心理状态的研究，有助于我们从宏观的视角对所有消费者的消费心理有一个整体的把控，而针对消费者个性心理特征的研究则有助于我们在宏观把控的基础上针对消费者个体做更加深入的探究。

三、消费者体育消费的需求与动机

消费者体育消费的需求和动机也与消费者的体育消费心理密切相关，所以有必要对消费者体育消费的需求和动机进行分析。

（一）消费者体育消费的需求分析

根据前述马斯洛的需求层次理论可知，人的需求从低到高分为五个层次：生理需求、安全需求、社交需求、尊重需求和自我实现需求。虽然马斯洛的需求层次理论存在不足之处，但对于研究消费者体育消费的需求也具有一定的指导意义。

就消费者而言，不同的消费者有不同的消费需求，具体到体育消费同样如此。依据马斯洛的需求层次理论，消费者对体育消费的需求可体现在不同的层次。比如，用于体育锻炼上的消费，如果消费者的目的是为了强身健体，则属于生理需求与安全需求的层次；如果消费者是为了借此扩大交际圈，则属于社交需求的层次；如果消费者是为了锻炼自身的自律性，则可看作是自我实现需求的层次。消费者的个性心理特征是导致上述情况出现的一个重要影响因素。当然，同一消费者对体育消费的需求可能同时涵盖多个或全部层次。

其实，每个人都存在潜在的体育消费需求，只是有些人由于某些原因的影响还没有实施体育消费。比如，有些人具有体育消费的意识和需求，但由于经济能力不足，所以暂时没有产生体育消费。对于这类情况，当他们具备一定的经济能力后，这种体育消费需求便会转化为具体的体育消费行为。再如，有些人具有一定的经济能力，但由于体育消费意识不稳定或者体育消费需求不突出，所以也没有形成体育消费行为。对于这类情况，也许他们只是欠缺一个了解体育的机会，而随着我国体育相关政策的实施，体育运动、全民健身等意识会逐渐深入到人们心中，他们的体育消费意识也会逐渐凸显，进而转化为体育消费行为。

综合来看，体育消费从消费者需求的产生到实际消费行为的形成，大致要经过如下过程（图 3-2）：

内外刺激 ➡ 产生体育消费需求 ➡ 引发体育消费动机 ➡ 产生体育消费行为

图 3-2　体育消费的形成过程

由此可见，体育消费需求是体育消费动机的前提，而内外刺激是体育消费需求产生的基础，所以我们应通过一些措施给予消费者一定的刺激，从而使消费者产生体育消费的需求。比如，政府政策、社会舆论、体育市场宣传等都可以在一定程度上刺激消费者体育消费需求的产生。当然，上述过程的完成并不是一蹴而就的，而且体育消费需求的产生也只是开端，还需要引发消费者的体育消费动机，才可以转化为体育消费的具体行为。

（二）消费者体育消费的动机分析

动机是引起行为的直接动力，而消费者消费行为的产生很大程度上出自某种动机，所以分析消费者体育消费的动机非常有必要。由于不同消费者的体育消费的动机不同，所以在分析消费者体育消费动机时，我们需要做进一步的划分，才能更有针对性地引发消费者的体育消费动机。在此，笔者主要从年龄、性别、文化程度等几个方面进行分析。

1. **不同年龄阶段的体育消费动机分析**

关于年龄阶段的划分，笔者采取青少年、青年、中年、老年这种粗略的划分方式。对于青少年群体来说，在其众多的消费动机中，追求品牌和个性的动机水平较高；对于青年群体来说，在其众多的消费动机中，追求品牌的动机也比较高，除此之外，追求丰富生活的动机也同样较高；对于中年群体来说，在其众多的消费动机中，追求丰富生活和社交的动机水平较高；对于老年群体来说，追求物美价廉和健康的动机水平较高。

2. **不同性别的体育消费动机分析**

男性和女性由于生理结构上的差异，导致了我们在体育消费上也存在较大的差异。根据京东发布的《京东体育消费报告》可知，在体育消费方面，男性用户的渗透率一直高于女性用户，是体育消费的主力。京东大数据显示，近几年，男性、女性体育消费渗透率的差距有小幅下降的趋势，从 2017 年的 1.58

倍下降到 2020 年的 1.51 倍。由此可见，女性体育消费的数量在逐渐增加。而在体育消费的项目上，男性用户更偏爱垂钓、冰上运动和滑雪，这些项目的男性用户占比都显著高于女性，而女性用户更喜欢瑜伽、游泳、马术、轮滑等运动。

3. 不同文化程度的体育消费动机分析

文化程度也是影响消费者体育消费动机产生的一个重要因素。文化程度较低的消费者，其体育消费的需求并不突出，所以体育消费的动机也同样不明显，因此，在进行体育消费时，此类群体大多不会考虑体育消费的社交、丰富生活等功能，也不会考虑品牌和个性，更多的是追求物美价廉。而文化程度较高的消费者，体育消费的需求普遍较高，在体育消费的动机上也更加突出，但由于受其他因素的影响，此类群体体育消费的动机并不统一，有些人追求丰富生活的动机较高，有些人追求社交的动机较高，有些人则追求物美价廉的动机较高。由此可见，某一群体消费动机虽然具有一定的普遍性，但同样具有差异性，包括上述关于年龄和性别的分析同样如此，这也是本节第二点中分析消费者个性心理的一个重要原因。

四、体育消费心理与体育市场的双向影响关系

从狭义的角度看，消费市场是进行消费品买卖的场所。从广义的角度看，它不仅是消费品买卖场所，而且是与消费品买卖有关的交换关系的总和。[①] 但无论怎样界定消费市场，体育消费市场都会对消费者的体育消费心理产生影响，同时，消费者的体育消费心理也会对体育消费市场产生影响，因为消费者的消费心理影响着消费者对体育产品的需求，这种需求会作用于体育市场。因此，消费者的体育消费心理和体育市场存在着双向的影响关系，如图 3-3 所示。

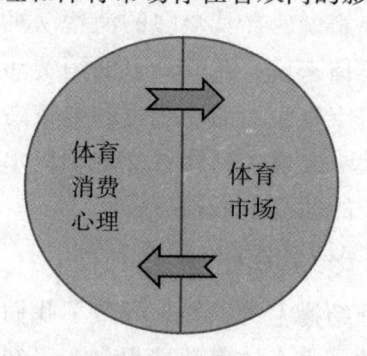

图 3-3 体育消费心理和体育市场的双向影响关系

[①] 姜彩芬，余家扬，符莎莉. 消费经济学 [M]. 北京：中国经济出版社，2009：72.

第二节 体育消费行为的经济学分析

体育消费属于经济学的范畴，所以从经济学的角度对消费者的体育消费行为进行分析非常有必要。本节以经济学为抓手，依次从体育产品价格、消费者收入和政府体育支出三个方面切入（图3-4），针对消费者的体育消费行为进行了分析。

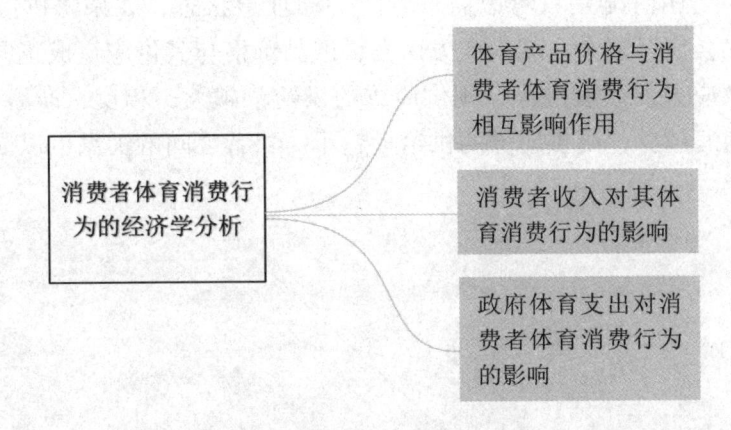

图3-4 体育消费行为经济学分析的三个层面

一、体育产品价格与消费者体育消费行为相互影响作用

就需求的一方而言（消费者），产品价格是影响他们消费行为的一个重要因素。通常情况下，产品的价格越高，消费者购买的可能性越小；反之，价格越低，消费者购买的可能性越大。在此，我们可以将这种关系简单地用图3-5表示。

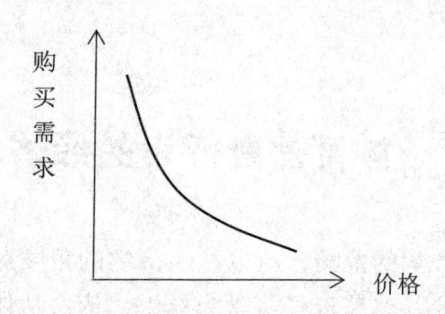

图 3-5　体育产品价格与消费者购买需求的关系

当然，上述情况是只考虑需求方的一种理想状态，如果将供应方考虑在内，则情况会变得复杂。就供应方而言，产品价格与其供应量成正向关系，价格越高，供应方的利润越高，则供应方的供给量越大；相反，产品价格越低，供应方的利润越少，则供应方的供给量越小。二者之间的关系可以简单地用图3-6 表示。

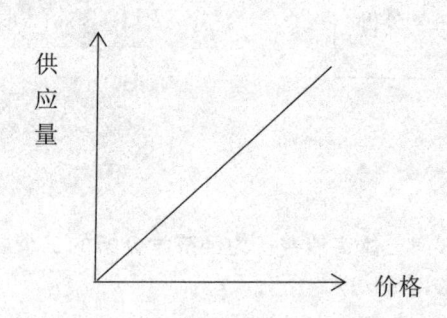

图 3-6　产品价格与供应方供应量的关系

但是，当产品的价格较高时，虽然供应方的供应量较大，但消费者的购买需求会降低，所以会出现供大于求的情况，此时会迫使产品的价格下降，相应地，产品的供应量也会下降；而当产品价格下降时，消费者的购买需求会随之提高，最终双方达到一个平衡，如图 3-7 所示的 P 点。由此可见，体育产品价格与消费者体育消费行为之间的影响是相互的。

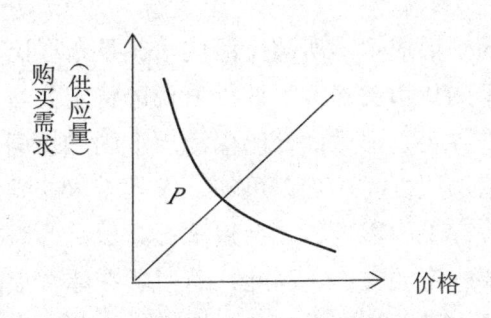

图 3-7 体育产品均衡价格的形成

二、消费者收入对其体育消费行为的影响

收入是消费者个人拥有的资源，也是消费者可以支配的资源，而消费者可支配资源的多少在很大程度上影响着它的体育消费行为。比如，两个人在体育上的消费都占其收入的 10%，那么年薪 10 万的人和年薪 5 万的人在体育消费上肯定存在差别。这一假设同样可以应用到一个人身上，即一个人年薪 10 万和年薪 5 万时，其体育消费行为也很可能不同。简单来说，在其他条件固定的基础上，如果消费者的收入减少，其在体育上的相关消费也会降低；如果消费者收入增加，那么其在体育上的相关消费也会随之增加，这种增加并不是线性关系，而是呈现一种先慢后快再慢的趋势，如图 3-8 曲线 a 所示。

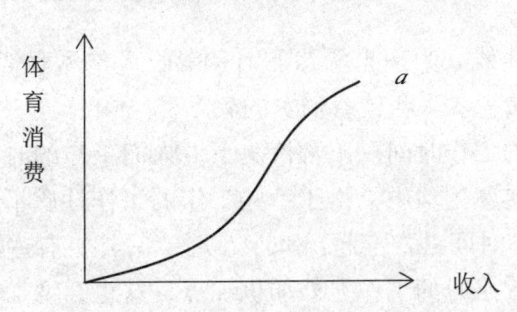

图 3-8 消费者收入与体育消费的关系

当然，上述情况也是一种理想状态，而在现实生活中，消费者收入不仅受多种因素的影响，而且其收入与可支配收入也并不完全相等，所以在分析消费者收入与消费者体育消费行为时，需要将其他因素考虑在内。其中，有两种因素是必须要考虑在内的。

第一，消费者的生活成本。所谓生活成本，是指居民为购买产品与服务以达到特定的生活水平的货币支出。① 此处所说的特定生活水平因人而异，但如果我们以最低的标准界定，那么此处的生活成本则是指满足我们生存需求的最低支出。根据马斯洛的层次需求理论可知，人类需求的满足是由低到高的，只有首先满足了人类生存上的需求，才会追求更高层次的需求，而即便是最低层次的生存需求也需要一定的支出。因此，消费者在体育上的消费（属于较高层次的需求）行为需要在满足生存需求之后才可能出现。由此可见，消费者体育消费行为的产生并不会随收入的出现而出现，而是在消费者收入增长到一定程度（至少能够满足消费者的生存需求）之后才会出现，所以消费者体育消费与收入的关系变为图 3-9 的曲线 b。

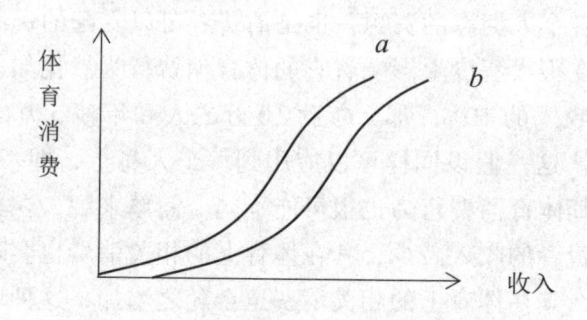

图 3-9　消费者收入与体育消费的关系

在图 3-9 中，曲线 a 为理想状态下消费者收入与体育消费的关系；曲线 b 为实际情况中的消费者收入与体育消费的关系。

第二，消费者的工作时间。正常情况下，人们工作的时间是每个工作日工作八个小时，但在实际生活中，由于一些工作的工作性质不同（如自主经营店铺），这些人的工作时间常常会超出八个小时。另外，有些职工为了增加自己的收入，会选择在八小时的工作之外加班加点，这也会增加其工作的时间。还有一种情况，有些人为了降低生活的成本，如为了降低购房和租房的成本，会选择距离市中心较远的地方，但这样无疑增加了他们通勤的时间成本。无论上述哪种情况，虽然会使消费者收入增加，或者增加其可支配的收入，但都会减少其休闲的时间，而体育消费大多是在休闲时间完成的，休闲时间的减少很可

---

① 张广斌，聂彩仁. 云南"城镇上山"的社会经济技术指标研究[M]. 昆明：云南大学出版社, 2015：81.

能会抑制体育消费的行为。当然，从整体增长趋势而言，收入的增加会促进其体育消费行为的产生，只是休闲时间的压缩会导致其增长速度放缓，所以消费者体育消费行为和收入的关系曲线变为图3-10的曲线 c。

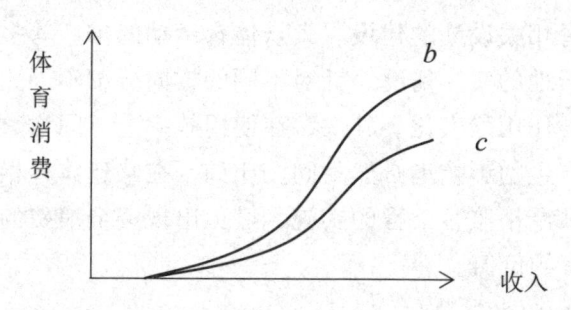

图3-10 工作时间延长后的消费者收入与体育消费的关系（曲线 c）

综上所述，虽然很多因素会影响消费者收入与体育消费的关系，但就总体趋势而言，随着消费者可支配收入的增加，消费者在体育相关方面的消费也会随之增加。

三、政府体育支出对消费者体育消费行为的影响

政府在体育上的支出主要受财政收入与政策的影响，如果政府财政收入较多，且大力支持体育发展，则在体育上的支出会较多，这种情况会对消费者的体育消费产生正向的影响；相反，如果政府财政收入较少，且对体育的支持力度较小，那么在体育上的支出也会相对较小，这种情况会对消费者的体育消费产生负向的影响。政府在体育上的支出，根据形式的不同可分为直接支出和间接支出两种，它们对消费者体育消费的影响分述如下。

（一）政府直接体育支出对消费者体育消费的影响

政府直接体育支出是指政府为推动全面体育运动而在财政预算中拨付的资金，如大型运动会的召开、体育相关设施的建设、大众体育运动的推广等。这些资金直接用于与体育相关的方面，所以属于直接体育支出。通常情况下，政府在体育上的直接支出越多，体育相关设施的建设越完善，对社会大众宣传得越深入，则其对消费者体育消费的影响越大，就越能够促进消费者的体育消费。当然，在实际操作中，由于政府在体育上的直接支出会受其他因素的影响，所以还需要将这些因素考虑在内。其中，比较突出的因素有如下几点。

1. 资金的使用方向与使用效率

在政府直接体育支出相对固定的情况下，投资的方向和使用效率会对消费者体育消费行为产生较大的影响。首先，在支出方向上，政府投资包含大型运动会的召开、体育相关设施的建设、大众体育运动的推广等多个方向，在分配资金时需要结合当地的实际情况，针对不同的方向分配不同比例的资金，从而使这些资金发挥的作用最大化。其次，在使用效率上，同样数量的资金，使用效率的不同，其产生的影响也必然不同。比如，在修建体育相关设施时，应做好科学的规划，并严格监管工程的实施，避免出现资金浪费的情况，确保每一分钱都发挥其应有的价值。

2. 资金的使用时机

时机是指具有时间性的客观条件，即特定时间的特殊机会。古人讲"天时地利人和"，其中的"天时"便可看作是一种时机。做任何事情，如果时机正确，那么成功的概率便会增加。政府在体育方面直接支出的资金使用也是如此，如果能够在恰当的时间使用，那么所起到的效果也会加强。比如，在奥运会期间，全民对体育的热情都比较高，如果在此时投入一定的资金用于体育宣传，将会进一步点燃社会大众参与体育的热情，这对于促进社会大众的体育消费无疑将起到非常积极的作用。当然，对时机的追求不能是刻意的，不能只为了抓住时机而忽视了日常的资金支持，因为全民体育运动是一项长期的工程，需要长期的努力，并需要将功夫用在平时，只是在时机成熟时，可适当加大财政支出，从而起到事半功倍的效果。

（二）政府间接体育支出对消费者体育消费的影响

政府间接体育支出是指不直接用在体育方面的资金投入，如用于公园修建、环境整治、道路整修等方面的资金。其实，从严格用途上来讲，这些资金属于其他方面的财政支出，但由于公园修建、环境整治、道路整修等方面的工作也有助于推动全民体育运动，进而促进社会发展体育消费，所以在此笔者将其看作政府间接的体育支出。如今，国家大力提倡全民体育运动，"体育强国"更是成为国家战略举措之一，而作为影响社会大众参与体育运动的一个重要因素，营造良好的社会公共环境无疑能够提升社会大众参与体育运动的积极性。试想，如果道路坑坑洼洼，空气条件也不好，人们又怎么会喜欢参与体育运动呢？而国家通过提高社会大众参与体育运动的意识，便可以促使他们产生体育消费的需求和动机，进而产生体育消费的行为。

第三节　体育消费行为的文化学分析

人们生活在社会环境中会受各种因素的影响，而体育消费行为作为人们社会行为的一种，无疑也会受社会环境中各种因素的影响，其中，文化因素是一种极其重要的因素。依据文化类型的不同，我们可以将文化分为传统文化和现代文化两类，其中，现代文化又从现代体育文化和现代网络文化两个角度进行分析，如图3-11所示。

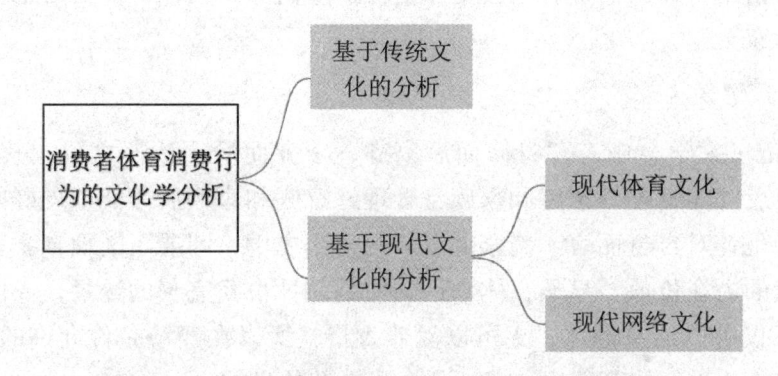

图3-11　体育消费行为文化学分析的两个层面

一、传统文化对消费者体育消费行为的影响

我国是世界上唯一一个文化体系连续发展而未中断过的国家，虽然我国已进入现代社会，但传统文化仍旧是我国文化的根基，并深深地影响着每一个生活在这片土地上的人们。具体到体育消费行为上，传统文化的影响主要体现在如下几个方面。

（一）勤俭节约

勤俭节约是中华民族的传统美德，这一美德的形成有着深厚的文化基础。《尚书·大禹谟》中有"克勤于邦，克俭于家"；《周易·否》中有"君子以俭德辟难"；《左传·庄公二十四年》中有"俭，德之共也；侈，恶之大也"；等等。在今天，随着我国经济的发展，虽然人民的生活质量已经大幅度提高，但勤俭节约的美德已经融进人们的血液，体现在体育消费中，便是量入为出，反对奢侈浪费。这种理念与促进体育消费的理念并不矛盾，因为勤俭节约并不是不消费，而是有节制的消费，不过度消费，不浪费资源，这其实更能够促进体育产业的良性发展。

（二）诚信为本

诚信在我国传统文化中占有非常重要的地位，古代先贤也非常重视诚信品质的养成，如孔子的"言必诚信，行必忠正"，墨子的"言不信者行不果"，老子的"轻诺必寡信，多易必多难"，等等。在诚信文化的影响下，我国社会大众在包括体育消费在内的诸多消费中非常看重商家的诚信，如果商家能够讲信誉、守信用，那么消费者也会更加信任这些商家，在体育消费时也会优先选择这些商家。

（三）修身内圣

《礼记·大学》中有"身修而后家齐，家齐而后国治"之说，其意思是：品性修养后才能管理好家庭和家族，管理好家庭和家族后才能治理好国家。其中，修身是针对自身而言。儒家提倡"内圣"之境，即要不断地自我完善，以实现自我的内在价值。显然，体育运动便是一种自我完善的途径，人们通过体育运动不仅可以强身健体，更可以涵养人格，所以在经济条件允许的情况下，很多人都愿意进行体育消费，以达到自我提升的目的。

二、现代文化对消费者体育消费行为的影响

（一）现代体育文化对消费者体育消费行为的影响

现代体育文化由物质文化要素、精神文化要素和制度文化要素三方面构成，所以针对现代体育文化对消费者体育消费行为影响的分析，也可以从这三个方面展开。

1.体育物质文化对消费者体育消费行为的影响

体育物质文化是指人们以体育为目的或在体育中的活动方式及其物质形态，可将其分为体育活动的方式、体育器材和场地设施，以及为促进体育发展而创造并形成物质的各种思想物化品三个紧密相连的部分。[1] 上述三个部分都

---

[1] 李浩.现代体育文化传播与发展的再审视[M].北京：九州出版社,2016：18.

可以对消费者的消费行为产生影响。以影响最为突出的体育器材和场地设施为例，很多体育活动都是要借助体育器材和场地设施完成的，如果缺少了这些辅助性的东西，人们参加体育运动的积极性将会大幅度地降低，进而会导致人们体育消费需求的降低，所以构建必要的体育场地设施以及购置适宜的体育运动器材就显得非常重要。

2. 体育精神文化对消费者体育消费行为的影响

体育精神文化是指人类借助体育或以体育为依托的主观世界改造的活动以及产物。如果说体育物质文化是外在的，那么体育精神文化就是内在的，属于精神思想层面，当然，二者并不是相互割裂的，而是紧密联系的。体育精神文化同样会对消费者的体育消费行为产生影响。比如，当前我国提倡的全民健身理念便属于体育精神文化的层次，通过宣传这一理念，可以让更多人认识到体育运动的重要性，从而提高社会大众的体育健身意识，进而促进社会大众的体育消费。

3. 体育制度文化对消费者体育消费行为的影响

体育制度文化是人类以体育运动的方式进行自我完善的制度产物，是调节与规范体育活动中各种关系的规章制度与组织机构。体育制度文化对消费者体育消费行为的影响不是直接的，而是间接的。这种间接的影响通过影响体育的理论道德、社会风尚等促进体育的健康发展，而随着体育的发展，社会大众参与体育运动的积极性也会随之提高，进而促进社会大众的体育消费。

（二）现代网络文化对消费者体育消费行为的影响

网络文化是现代文化中最突出的部分，而随着信息技术的发展，网络文化已经渗透到我们的日常生活中，并影响着我们的消费行为。就体育消费而言，根据前文对体育消费心理的分析可知，体育消费需求是体育消费的重要基础，而需求的产生需要内外部各种因素的刺激。在网络时代，人们接收信息的效率大大提高，我们足不出户便可以掌握很多信息。对于有体育爱好的人来说，他们会通过网络渠道了解更多体育相关的信息，这些信息会成为刺激他们体育消费需求产生的外部因素，当积累到一定程度后，便很可能形成具体的消费行为。而对于没有体育爱好的人来说，他们虽然不会主动寻找体育方面的相关信息，但政府同样可以借助网络这一渠道宣传全民健身的理念，进而逐步引导更多的人参与到体育运动中。此外,在网络时代,网络购物已经成为人们消费的一种主流方式,这种便捷的购物方式也为消费者的体育消费提供了便利。

第四节 体育消费行为的社会学分析

社会学是一门研究社会行为与人类群体的学科,包括微观层级的社会行为或人际互动以及宏观层级的社会系统或结构。从某种程度上来说,体育消费属于一种社会行为,所以本节以社会学为基础,分别从微观视角(家庭)和宏观视角(社会环境)切入,对消费者的体育消费行为进行了分析,如图3-12所示。

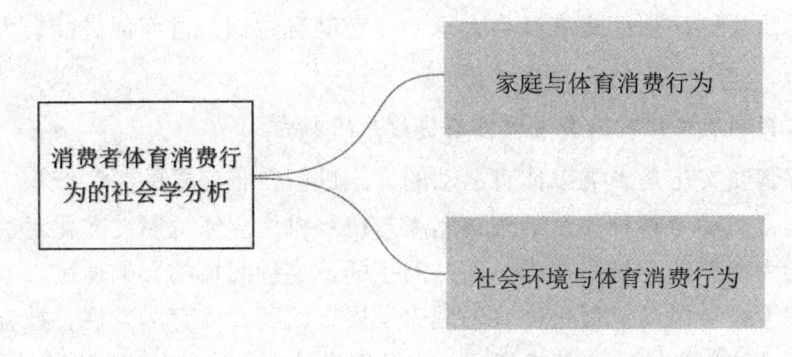

图3-12 体育消费行为社会学分析的两个层面

一、家庭与体育消费行为

家庭是由婚姻关系、血缘关系或收养关系结合成的亲属生活组织。人们常把家庭称为社会的细胞,这是构成人类社会的最小的单位。家庭成员共同居住在一起,共同进行生产和消费。[①] 在体育消费上,个体的消费很多时候都是和家庭捆绑到一起的,所以有必要从家庭的角度对体育消费行为进行研究。依据家庭的收入情况,我们可以将家庭分为富裕家庭、小康家庭和低收入家庭三类。

---

① 朱强.家庭社会学[M].武汉:华中科技大学出版社,2012:39.

（一）富裕家庭与体育消费行为

富裕家庭的总体收入高，该类家庭的体育消费行为可从如下两个方面进行分析。

1. 富裕家庭的体育消费结构

富裕家庭的体育消费主要包括三个方面：体育信息消费、体育劳务消费和体育实物消费。体育信息消费主要指用于观看体育赛事的消费，如购买体育赛事的门票，有时为了观看高水平的体育赛事，他们还会跨地区，甚至出国，尽管差旅费用会高过体育赛事门票的费用。体育劳务消费主要指参与型体育消费，如体育旅游、参加健身俱乐部等，其目的主要是为了丰富生活。体育实物消费主要指用于购买体育运动相关实物的消费，如购买运动服饰、购买运动装备等。对于富裕家庭来说，虽然也会考虑价格，但兴趣、质量等是更重要的考虑因素。

2. 富裕家庭体育消费心理

根据马斯洛的层次需求理论可知，当低层次的需求满足之后，人们便会产生高层次的需求。对于富裕家庭来说，基本的需求已经完全得到满足，所以他们会向丰富业余生活或满足兴趣爱好等层次发展，这也是此类家庭体育消费的一个重要心理因素。此外，面对工作中巨大的压力，他们也需要一些渠道放松身心、缓解压力，而体育运动无疑一个不错的选择，所以他们更加愿意在体育运动上消费。

（二）小康家庭与体育消费行为

小康家庭的总体收入较高，该类家庭的体育消费行为也可从如下两个方面进行分析。

1. 小康家庭的体育消费结构

小康家庭的体育消费主要为体育劳务消费和体育实物消费。体育劳务消费作为能够丰富人们生活的一个渠道，很多小康家庭都会进行此项消费，但通常会将消费的金额控制在一定范围内。在体育实物消费上，价格是此类家庭考虑的一个重要因素，但同时会考虑兴趣、质量等因素。对于体育信息消费，由于其费用相对较高，虽然在此类家庭中也有，但相对较少，不占主要地位。

2. 小康家庭体育消费心理

小康家庭的体育消费理念是比较积极的，他们认为适量的体育运动是必需的，因为通过体育运动不仅能够满足运动健身的需求，也能有效缓解心理上的压力。因此，小康家庭在体育运动方面同样会进行一定的投入。

（三）低收入家庭与体育消费行为

低收入家庭的总体收入较低，该类家庭的体育消费行为同样可从如下两个方面进行分析。

1. 低收入家庭的体育消费结构

低收入家庭主要以体育实物消费为主。由于低收入家庭的总收入较少，所以很少会在体育劳务和体育信息等方面进行消费，他们主要在必要的体育运动装备、体育运动服装等实物上进行消费，并且在购买体育运动装备等实物时，价格是首要考虑的因素。

2. 低收入家庭体育消费心理

低收入家庭在体育消费理念上虽然普遍是比较消极的，但其实很多家庭都能够认识到体育运动的重要性，只不过由于家庭总收入较低，所以在体育消费上表现得比较消极。当然，对于一些必要的体育运动装备，如羽毛球、乒乓球等器材，很多家庭都愿意购买。

二、社会环境与体育消费行为

社会环境是影响人们消费的一个重要因素，构成社会环境的内容非常丰富，但综合来看，可概括为政治环境、经济环境和文化环境。

（一）政治环境与体育消费行为

关于政治环境，我们可以从国家的宏观政策与具体的法律法规两个方面思考。国家宏观政策站在一定的高度上对体育消费进行指导，具体的法律法规为体育消费提供保障，二者共同作用于社会大众的体育消费行为。

1. 国家宏观政策

体育作为社会发展和人类进步的重要标志，是综合国力和国家软实力的重要体现。为了推动全民健身，促进体育产业的发展，国家先后颁布了诸多相关的政策，具体内容见表3-1。

表 3-1 关于体育产业的宏观政策

时间	政策名称	核心内容
2014年	《关于加快发展体育产业促进体育消费的若干意见》	充分发挥市场在资源配置中的决定性作用和更好发挥政府作用，加快形成有效竞争的市场格局，积极扩大体育产品和服务供给，推动体育产业成为经济转型升级的重要力量，促进群众体育与竞技体育全面发展，加快体育强国建设，不断满足人民群众日益增长的体育需求
2016年	《体育产业发展"十三五"规划》	优化市场环境、培育多元主体、提升产业能级、扩大社会供给和引导体育消费
2019年	《关于促进全民健身和体育消费推动体育产业高质量发展的意见》	强化体育产业要素保障，激发市场活力和消费热情，推动体育产业成为国民经济支柱性产业，积极实施全民健身行动，让经常参加体育锻炼成为一种生活方式
2020年	《促进体育消费试点工作实施方案》	通过确定一批试点城市，推动体育消费机制创新、政策创新、模式创新、产品创新，形成若干可复制推广的典型经验，以点带面，促进我国体育消费规模持续增长、消费结构不断升级，为稳就业、稳增长、促消费、惠民生做出积极贡献

在国家宏观政策的指导下，我国体育产业蓬勃发展，社会大众发展体育事业、参与体育运动以及体育消费的积极性也得到了提升，但距离实现全民健身还有一段距离，仍需要我们做出进一步的努力。

2. 具体的法律法规

法律法规，指中华人民共和国现行有效的法律、行政法规、司法解释、地方法规、地方规章、部门规章及其他规范性文件以及对于该等法律法规的不时修改和补充。法律法规能够充分保障社会公民的权利不被侵害。在包含体育消费在内的所有消费中，都可能发生一些不合理、不健康，甚至违反社会道德标准的行为，而通过制定法律法规，便可以最大限度地限制、禁止这些消费行为，如《中华人民共和国消费者权益保护法》《中华人民共和国产品质量法》《中华人民共和国反不正当竞争法》等。在体育消费中，如果消费者遇到不合法的行为，便可以举起法律的大旗维护自身的权益。

（二）经济环境与体育消费行为

关于经济对消费者体育消费行为的影响，笔者在本书第二章已经做了详细的分析，所以在本小节中，笔者仅就宏观经济环境做简要的阐述。

消费作为社会再生产的主要环节，对宏观环境能够产生很大的影响，反过来，宏观环境也会对社会消费产生影响。比如，2008年经济危机发生时，全球经济大环境都处于一种消极的态势，社会大众的风险意识大大增强，人们的消费行为也随之发生变化，即储蓄增加、消费萎缩。就我国而言，近些年，我国经济环境整体比较稳定，所以社会大众的体育消费积极性较高，体育产业的发展也呈现出比较积极的态势，具体数据参见表1-2。

（三）文化环境与体育消费行为

文化环境是在各种文化综合影响下形成的一种社会环境，它可对社会大众的消费行为产生深远的影响。关于文化对消费者体育消费的影响，笔者在本章第三节已经做了详细的论述，在此便不再赘述。

第四章 体育消费与竞技体育产业发展

第一节 竞技体育及其产业阐述

一、竞技体育

（一）竞技体育的概念与特点

关于竞技体育，笔者在本书第一章第一节中提到：竞技体育是指在全面发展身体，最大限度地挖掘和发挥人（个人或群体）在体力、心理、智力等方面的潜力的基础上，以攀登运动技术高峰和创造优异运动成绩为主要目的的一种运动活动。竞技体育与学校体育和社会体育不同，其核心在"竞技"二字，追求的是运动技术，是竞技的胜利，是对人类自身的不断超越。

其实关于竞技体育概念的界定，笔者在查阅资料时发现，不同的学者从不同的层面出发，对竞技体育的界定也存在一些差异。

比如，肖林鹏认为，现代竞技体育之所以成为一项影响巨大的社会实践，就在于它为人们提供了一种除它外任何其他形式均不能替代的体育产品。人们通过参与、欣赏及消费这种产品，获得的不仅是一种"享受"，还是一种个人"发展"的资本，即所谓竞技体育是指运动员以比赛竞争为基本手段，以满足人们审美享受及刺激等需要的社会实践。[①] 这一定义的出发点是将竞技体育看作是一种社会活动，其最主要的目的是为了满足人们审美享受及刺激等需要。

再如，黄荔生从竞技体育和竞技运动的比较着手，它认为竞技体育和竞技运动这两个概念是有明显区别的。竞技体育是体育这一人类实践活动的重要组成部分，是体育的一个特定领域；而竞技运动这个词语则更多地用来概括运动场上进行的一类活动。作为体育的手段，竞技运动与非竞技运动相比有着十分

---

① 肖林鹏. 竞技体育本质及发展逻辑 [J]. 体育学刊, 2004, 11(6): 1-3.

显著的优越性。竞技运动使人们有可能在激烈的竞争中，在满足生理需要的同时，获得一种充分运用自身身体进行艺术创造和表现某种惊人能力的成果，以满足自我成就感。因此，竞技运动只是生理需求和高尚精神享受的需求。竞技体育作为体育的一种手段，是因体育的目的而产生和发展，并且成为体育中最充满活力的表现形式，在其发展过程中凸显出竞争的特征，造成了体育的分化，形成以奥林匹克运动为代表的现代竞技体育，成为当代人类生活中规模最为巨大的一种文化现象。[1]

虽然不同学者对竞技体育的界定不同，但通过分析不同学者对竞技体育的界定可以归纳出其中的共同点，这些共同点有助于我们进一步理解竞技体育的概念：

（1）竞技体育是以比赛竞争为基本手段的，而在比赛竞争中，公平是核心。

（2）竞技体育既是一种体育运动，也是一种社会文化，能够在某些方面满足人们的需求。

（3）竞技体育是主体间的活动，即通过主体间的比较和竞争凸显其竞技性，如果缺少了竞争对手，也便失去了竞争性，难以形成竞技体育活动。

（4）竞技体育的竞技性驱使着参与运动的人最大限度地发挥个人或群体在体力、心理、智力等方面的潜力，同时驱使着参与者攀登运动技术高峰和创造优异的运动成绩。

作为体育运动中的重要组成部分，竞技体育主要呈现出如下几个特点：

（1）公平性。公平是竞技体育最基本的特点，没有公平，竞技也便失去了价值。在现代竞技体育中，竞赛的组织者会制定大众认可的竞赛规则，并对竞赛项目的场地、器械、时间、运动员资格等进行严格的规定，从而最大程度的体现竞技体育的公平性。

（2）规范性。在竞技体育中，参赛者之间会产生激烈的竞争，而为了赢得竞争，参赛者往往会使用各种技术与战术。当然，这些技术与战术的使用通常都是在规范性要求的前提下，其目的一方面是为了确保比赛的公平性，另一方面是为了避免使用过激的技术与战术而造成参赛人员受伤。

（3）娱乐性。竞技体育的娱乐性体现在两个方面：一是自身参与其中；二是作为旁观者。在参与竞技体育的过程中，个体能够从紧张的工作与生活中解

---

[1] 黄荔生.竞技体育论[M].沈阳：辽宁大学出版社，2008：14.

脱出来，获得一种愉悦的感受，尤其在取得竞赛的胜利之后，这种愉悦感更加强烈。作为旁观者，在观看专业运动员比赛的过程中，运动员身上展现的拼搏精神能够给人带来极大的振奋感，并且专业运动员展现出来的专业技能也具有极大的观赏性，这些都可以让观看比赛的人从中获得愉悦感。

（二）竞技体育的分类

竞技体育的活动内容以及表现形式非常丰富，而依据不同的划分标准，竞技体育也有不同的分类。

1. 依据竞技体育的主导因素分类

依据主导因素分类，竞技体育可分为体能主导和技能主导两大类，其亚类和主要项目见表4-1。

表4-1 依据竞技体育主导因素分类的类别和项目

大　类	亚　类	项　目
体能主导类	力量型	举重、铅球、标枪
	耐力型	中、长距离走、跑；中、长距离游泳；中、长距离自行车、划船
	速度型	短跑（100 m、200 m、400 m）；短游（50 m、100 m）；短距离速滑（500 m）
技能主导类	间接对抗型	射击、体操、跳水等
	直接对抗型	球类运动（羽毛球、乒乓球、篮球）、柔道、摔跤、击剑

2. 依据竞技体育的动作结构分类

依据动作结构分类，竞技体育可分为单一动作结构、多元动作结构和多项组合结构，其亚类和主要项目见表4-2。

表4-2 依据竞技体育动作结构分类的类别和项目

大　类	亚　类	项　目
单一动作结构	周期型	短跑、长跑、自行车、竞走
	非周期型	铅球、铁饼、举重
	混合型	跳远、跳高、撑竿跳

续表

大类	亚类	项目
多元动作结构	固定组合	马术、体操单项、花样滑冰
	变异组合	篮球、足球、乒乓球、羽毛球
多项组合结构	同属性多项组合	体操全能、速滑全能、武术全能
	异属性多项组合	铁人三项、冬季两项

3. 依据竞技体育运动成绩评定方法分类

依据运动成绩评定方法分类，竞技体育可分为测量类、评分类、得分类、制胜类、命中类，其分类和具体项目见表4-3。

表4-3 依据竞技体育运动成绩评定方法分类的类别与项目

类别	项目
测量类	田径、滑雪、游泳、举重
评分类	跳水、体操、花样游泳
得分类	乒乓球、网球、排球
制胜类	拳击、柔道、摔跤
命中类	射击、击剑、手球

二、竞技体育产业

（一）竞技体育产业的要素与构成

1. 竞技体育产业的要素

竞技体育产业是以竞技体育为核心，围绕竞技体育相关运动项目开发而形成的体育产业，是体育产业中的重要组成部分。竞技体育产业包括的内容非常丰富，也包含很多环节，但对其要素进行分析，主要包括生产者、消费者、产品、媒体和中介（图4-1）。

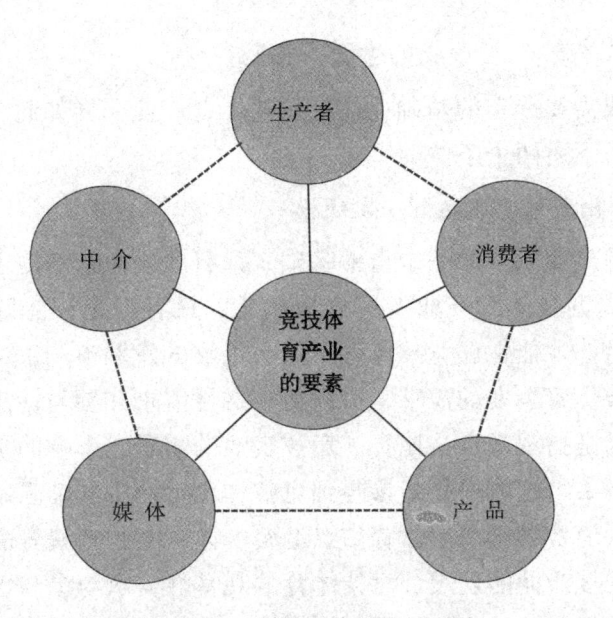

图 4-1 竞技体育产业的要素

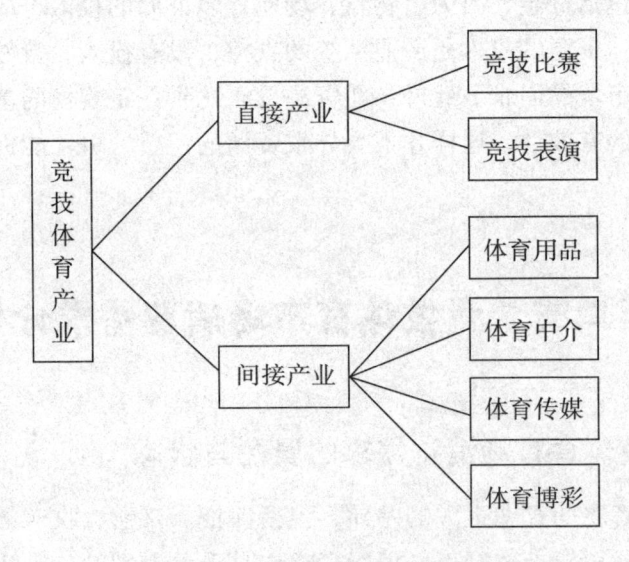

2. 竞技体育产业的构成

竞技体育产业包括直接产业和间接产业两大类，其中，直接产业包括竞技比赛和竞技表演，间接产业包括体育用品、体育中介、体育传媒和体育博彩，如图 4-2 所示。

图 4-2 竞技体育产业的构成

（二）竞技体育产业形成的条件

产业的形成需要一定的基础条件，竞技体育产业同样如此，具体而言，其形成至少要具备下述两个条件。

1. 竞技体育消费的需求达到一定规模

消费需求是产业发展的一个重要基础，只有产生大量的需求，才能促进产业的快速发展。竞技体育产业发展也是如此，只有当竞技体育消费的需求达到一定规模之后，才能保证竞技体育产业有足够的发展市场，从而成为独立的产业。关于竞技体育消费的需求，可以从观赏性需求和参与性需求两个方面分析。观赏性需求是指观赏竞技比赛、竞技表演的需求，影响的是竞技体育直接产业的发展；而参与性需求是指参与到竞技体育运动中的需求，而在参与竞技体育的过程中，消费者会产生体育信息消费、体育实物消费等需求，这些都会影响竞技体育间接产业的发展。竞技体育的观赏性需求与参与性需求之间存在着密切的关系，观赏性需求的满足能够激发个体竞技体育参与的热情，而竞技体育运动的参与又会进一步促进个体观赏竞技比赛，进而在两种需求的相互促进中推动竞技体育产业的发展。

2. 竞技体育投入的资源达到一定规模

竞技体育消费需求对应的是产业产出的需求，而产出需求的满足需要足够的资源投入，包括资金、人力、物料、场地等多方面的投入。产业本身就是一个完整的系统，资源的投入是产业系统的支撑，没有投入，自然没有产出，也自然无法满足市场的需求。此外，在资源投入达到一定规模的基础上，还需要保证资源投入的有效性，这样才不会导致资源的浪费，也才能促进竞技体育产业的健康发展。

第二节 竞技体育市场消费需求分析

一、竞技体育市场消费需求的属性与状态

不同消费者之间存在很大的差异，包括性格、兴趣、收入、文化程度等多方面的差异，所以竞技体育市场消费需求也是千差万别的。概括而言，竞技体

育市场的消费需求可归结为四种基本属性和五种状态。

（一）竞技体育消费需求的四种基本属性

1. 多样性

在竞技体育消费市场中，由于消费者的差异，所以其需求也是多样的。比如，有些人喜欢篮球运动，有些人喜欢足球运动，有些人则喜欢体操、游泳等运动，而喜好的不同必然会产生消费需求上的不同。当然，即便对于同一个消费者而言，在其不同的人生阶段，其竞技体育消费需求也可能不同。比如，在年轻的时候更倾向于对抗性比较激烈的竞技体育运动，如篮球、足球、拳击等，而随着年龄的增长，可能在观赏的喜好上仍旧喜欢对抗性激烈的运动，但在自身参与上，则开始倾向于对抗性比较弱的竞技体育运动，如游泳、攀岩等，此时的消费需求也自然会发生变化。此外，社会环境的变化以及社会经济的发展，也会在一定程度上影响消费者竞技体育消费需求。总之，无论受何种因素的影响，从消费主体看，多样性都是竞技体育消费需求的一个基本属性。

2. 可变性

竞技体育消费需求的可变性可从宏观和微观两个层面进行分析。从宏观层面看，就目前竞技体育消费市场的整体情况而言，消费需求的变化是呈增长趋势的，当然，这种增长趋势并不是一直增长的，而是会呈现出一种较大幅增长和较小幅降低交替出现的状态，但整体而言是增长的。之所以在整体的增长趋势中出现小幅度的降低趋势，是因为受多种因素的影响，消费者的需求是变化的，这种变化属于微观层面，但当微观层面的影响扩大之后，便会从整体上影响竞技体育消费市场的情况。由此可见，微观和宏观之间并不是两个相互独立的层面，而是相互渗透、相互影响的。

3. 替代性

竞技体育消费需求的替代性是针对竞技体育产品而言，因为竞技体育产品的种类非常丰富，而且同一种类产品也有很多的选择性，这就为消费者提供了诸多的选择。对于很多消费者而言，在竞技体育产品的消费中，他们会综合考虑诸多因素，如价格、质量、品牌文化等。以价格为例，虽然价格不是消费者考虑的唯一因素，但当某一产品的价格较高，超出消费者经济能力承受范围之后，很多消费者都会在综合考虑其他因素的基础上选择其他的替代品。

4. 层次性

竞技体育消费需求可从低级到高级分为不同的层次。根据马斯洛的层次需求理论可知，当消费者低层次的需求被满足后，便会产生高层次的需求。这种需求层次性的产生一方面受经济因素的影响，因为有些高层次的竞技体育消费需求的满足需要一定的经济基础，如现场观看国家级、国际级的比赛，门票、差旅费等都需要较高的支出，所以随着消费者经济实力的提升，其消费需求的层次也会随之提高。另一方面，个体对竞技体育的认知也是影响消费需求层次变化的重要因素。可以想象，当个体对竞技体育不了解的时候，其消费需求自然较低，而随着个体对竞技体育从不了解到熟知，其消费需求自然会随之提高。

（二）竞技体育消费需求的五种状态

1. 合理需求

合理需求属于一种正常状态的需求，即消费者具备一定的经济能力，同时能够依据自己的需求进行合理的竞技体育消费。比如，有些消费者喜欢篮球运动，他们存在观看篮球体育赛事的需求，如 NBA、CBA，其中，NBA 的举办地在美国，如果消费者想要到现场观看，其消费必然较高，所以对于一些比较理性的消费者来说，在超出其经济能力承受范围之后，他们会选择在电视或网络上观看 NBA，这种竞技体育消费需求便是一种正常的需求状态。

2. 不规则需求

不规则需求的产生通常是由于竞技体育运动项目的波动而引起的。简单来说，当国内在某项竞技运动项目上取得较好的成绩时，社会大众对该竞技运动的关注度也会提高，同时消费需求也会随之提高；而当国内在某项竞技运动项目上取得较差的成绩时，社会大众对该竞技运动项目的态度也会变得比较消极，相应的消费也会随之降低。

3. 过度需求

过度需求属于一种不正常状态的需求，即消费者对竞技体育消费的需求过高，在消费时很少会考虑自己的经济能力，常常是过度消费，有些消费者甚至由于过度消费影响了自己的正常生活。比如，某位消费者非常喜欢某位国际篮球巨星，会购买相关的比赛门票，会购买其代言的运动服饰，而不会考虑消费支出对自身造成的生活负担，这种竞技体育消费需求显然是一种不正常、不合理的需求状态。

4. 无需求

很多人对竞技体育其实或多或少都有一些了解，但并未转化成兴趣，也没有参与到竞技运动项目之中，这些人大多处于一种无需求的状态，也不会在竞技体育上进行消费。竞技体育消费无需求状态的产生受多种因素的影响，其中一个重要的因素就是宣传力度不够，而随着我国"全民健身"理念的逐步深入，这种无需求状态必然会逐步改变。

5. 潜在需求

很多人对竞技体育有一定的兴趣，但兴趣并不浓厚，他们在竞技体育消费上往往是处于一种中间状态，当外部环境没有限制因素时，他们可能会形成具体的消费行为，而当外部环境存在限制因素时（如时间不充裕），消费行为便很难产生。这种中间状态便是一种潜在需求的状态。其实，从严格意义上来说，每个人在竞技体育消费上都有潜在的消费需求，只是当这种状态表现得非常消极时，便可以看作是一种无需求的状态。

二、竞技体育市场消费需求的数量分析

对竞技体育市场的消费需求进行数量分析是非常有必要的，但由于竞技体育产业的内容非常丰富，并且国内外对竞技体育产业的理解也存在差异，再加上实地调查的困难性，所以笔者在此采用比较简单的两种数量分析方法。

（一）竞技体育消费需求的价格弹性

竞技体育消费需求的价格弹性是指需求量变动百分比与价格变动百分比的比率关系（用 E_D 表示），由于 E_D 取正值，所以公式取绝对值：

$$E_D = \left| \frac{某项竞技运动项目需求量变动百分比}{某项竞技运动项目价格变动百分比} \right|$$

如果 $E_D > 1$，说明该项竞技运动项目的价格弹性较大，通常情况下，产品价格发生一定幅度的变动，会引起需求量更大幅度的变动；如果 $E_D < 1$，说明该项竞技运动项目的价格弹性小，通常情况下，产品价格发生一定幅度的变动，所引起的需求量的变动幅度不大。

对于竞技体育运动项目而言，影响其价格弹性的因素主要有两个：一是对竞技体育运动项目的关注度，二是竞技体育运动项目本身的精彩程度，基于这

两种因素，我们可以将竞技体育运动项目消费需求的价格弹性分为1、2、3、4四种类型，如图4-3所示。

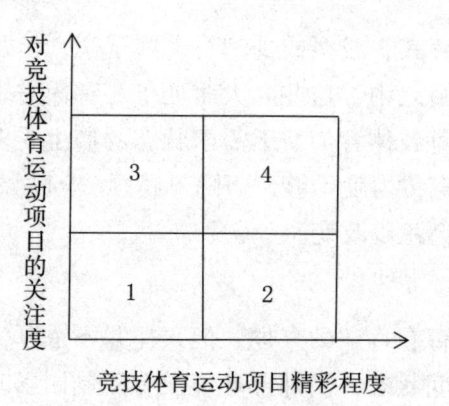

图4-3　竞技体育运动项目消费需求的价格弹性划分

上述四个区域分别对应四种价格弹性类型。

类型1：该类型的竞技运动项目的精彩程度较低，其关注度也较低，价格弹性大，产品价格的变动会引起需求的变动，所以针对该类型的竞技运动项目，价格不宜变动过大。

类型2：该类型的竞技运动项目的精彩程度高，但其关注度较低，价格弹性适中，产品价格可在一定范围内变动，其对需求量所引起的变动幅度不大，但如果价格变动超出一定范围，便会引起需要量较大幅度的变动，所以必须要将价格变动控制在一定范围内。

类型3：该类型的竞技运动项目精彩程度不高，但关注度较高，价格弹性适中，其变化方式和类型2相似。

类型4：该类型的竞技运动项目精彩程度高，关注度也高，价格弹性小，产品价格的变动对需求量的影响较小，但价格的变动也并不是没有限制，仍需要控制在一个相对合理的范围内。

竞技体育运动项目消费需求的价格弹性是营销中需要考虑的一个因素，因为通过分析价格弹性可以更有效地制定产品价格，以满足消费者需求，进而实现供需的平衡。

（二）竞技体育消费需求的收入弹性

竞技体育消费需求的收入弹性是指需求量变动的百分比与消费者收入变动

百分比的比率关系（E_M），由于E_M取正值，所以公式取绝对值：

$$E_M = \left| \frac{某项竞技运动项目需求变动百分比}{消费者收入变动百分比} \right|$$

如果$E_M > 1$，说明竞技运动项目的收入弹性较大，通常情况下，人们收入水平发生变动，会引起需求量更大幅度的变动；如果$E_M < 1$，说明竞技运动项目的收入弹性小，通常情况下，人们收入水平的变动，所引起的需求量的变动幅度不大。

结合消费者的收入情况和对竞技体育运动的关注程度，我们可以将竞技体育运动项目消费需求的收入弹性分为1、2、3、4四种类型，如图4-4所示。

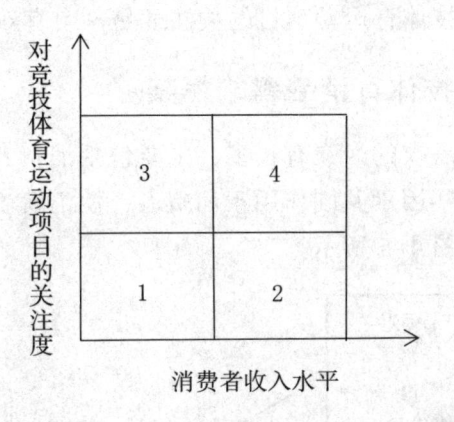

图4-4 竞技体育运动项目消费需求的收入弹性划分

上述四个区域分别对应四种收入弹性类型。

类型1：该区域的消费者收入水平较低，对竞技体育运动项目的关注度也较低，收入弹性适中。由于该区域的消费者对竞技体育运动项目的关注度较低，所以即便收入发生变动，其竞技体育消费需求的变化也不会很大。

类型2：该区域消费者的收入水平较高，但对竞技体育运动项目的关注程度较低，收入弹性适中。虽然该区域消费者的收入水平较高，但由于对竞技体育运动项目的关注度较低，所以收入的变化同样不会对竞技体育消费需求产生较大的影响。

类型3：该区域的消费者收入水平较低，但对竞技体育运动项目的关注度较高，收入弹性大。由于该区域消费者对竞技体育运动项目关注度高，但很多时候由于收入的限制，导致其竞技体育消费需求被限制在较低层次，而随着收入的提高，其消费需求也会随之提高。

类型4：该区域消费者对竞技体育运动项目的关注度高，经济收入也较高，收入弹性小。由于该区域消费者的收入水平较高，所以竞技体育消费需求一直处于一种较高的层次，其收入能够满足其竞技体育消费需求。因此，当其收入在"区域4"的范围内变动时，不会对其消费需求产生太大的影响。

由竞技体育运动项目消费需求的收入弹性可知，当消费者对竞技体育运动项目关注度较低时，收入变动对消费者需求的影响较小；当消费者对竞技体育运动项目的关注度较高时，收入变动对消费者需求的影响较大。因此，基于这一数量分析，要促进消费者竞技体育运动项目的消费，推动竞技体育产业的发展，提高消费者对竞技体育运动项目的关注度是一个有效的路径。

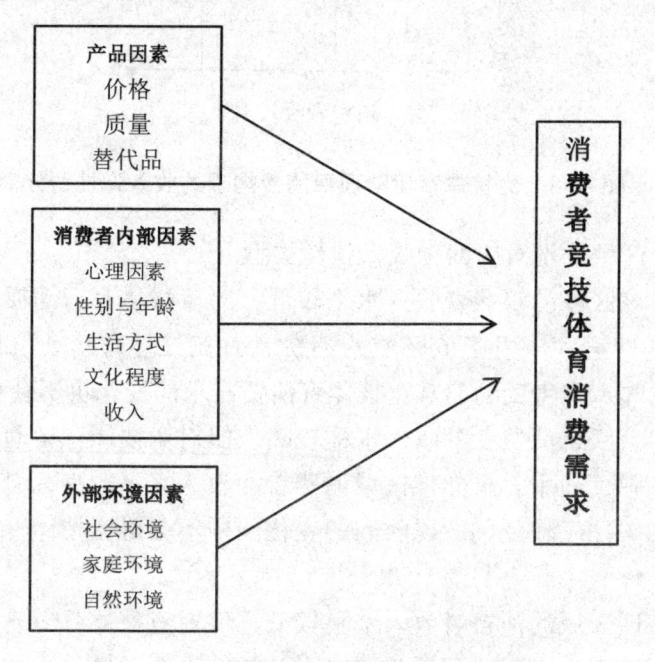

三、消费者竞技体育消费需求框架

影响消费者消费需求的因素有很多，主要包括消费者内部因素、产品因素和外部环境因素，这些因素共同作用于消费者，使消费者产生、增强或降低竞技体育消费需求，如图4-5所示。

图4-5 消费者竞技体育消费需求框架

第三节 竞技体育产业商业价值

一、竞技体育消费需求是其商业价值的基础

消费需求是指人们对生产资料和生活资料的需求欲望，它一般包括生产消费和生活消费。对生产资料的需求，来自投资和扩大再生产的欲望；对生活资料的需求，来自消费和满足生活需要的欲望。从某种意义上来说，正是因为人们存在消费上的需求，所以商品才出现了价值，正如马克思所说："商品有使用价值，无非就是它能满足某种社会需求。"[①] 竞技体育同样如此，人们对竞技体育存在消费上的需求，所以竞技体育才产生了商业上的价值。

关于这一点，我们可以从竞技体育的产生开始溯源。目前，就竞技体育的起源有多种说法，如"游戏起源说""宗教起源说""战争起源说""劳动起源说"等，但无论在哪种说法中，竞技体育产生之初并不具备商业价值。后来，随着竞技体育的发展，竞技体育逐渐渗透到人们的生活中，这种渗透催生了竞技体育的消费需求（如购买竞技运动器材的需求），而在竞技体育消费需求的不断扩展中，竞技体育的商业价值也逐渐凸显。

依据竞技体育消费需求的强烈程度，我们可将其分为三类。

（1）狂热型竞技体育消费需求：该类消费者对竞技体育具有很强的消费需求，在经济条件允许的情况下，他们非常愿意在竞技体育上支付货币，包括体育信息消费、体育实物消费和体育劳务消费等多个方面。

（2）一般型竞技体育消费需求：该类消费者对竞技体育消费的需求并不强烈，但出于放松身心的目的，他们也愿意在竞技体育上支付货币。

（3）低迷型竞技体育消费需求：该类消费者对竞技体育消费的需求呈低迷状态，在非必要的情况下，他们很少会在竞技体育上支付货币。

上述三类竞技体育消费类型中，前两种是有效需求，是竞技体育产业商业价值凸显的基础，更是竞技体育产业发展的基础。当然，竞技体育产业在凸显其商业价值并逐步发展的过程中，也会对消费者的消费需求产生影响，因此，

[①] 郝渊晓．市场营销管理学（第4版）[M]．西安：陕西人民出版社，2004：118．

二者之间并不是一种单向作用的关系，而是会随着竞技体育产业的发展逐渐转变为一种双向作用的关系。

二、竞技体育产业的商业价值体系

就竞技体育而言，其价值可体现在社会发展的方方面面，包括商业价值、文化价值、教育价值、政治价值等，但在本节中，我们仅以体育消费作为分析的切入点，所以对竞技体育产业的价值分析也仅限定在商业价值的范畴。竞技体育的商业价值可从其直接商业价值和间接商业价值两个角度进行分析，其中，直接商业价值包括体育产业价值和关联产业价值，间接商业价值包括就业效益、消费促进、投资拉动、税收增长，其商业价值体系具体参见图4-6。

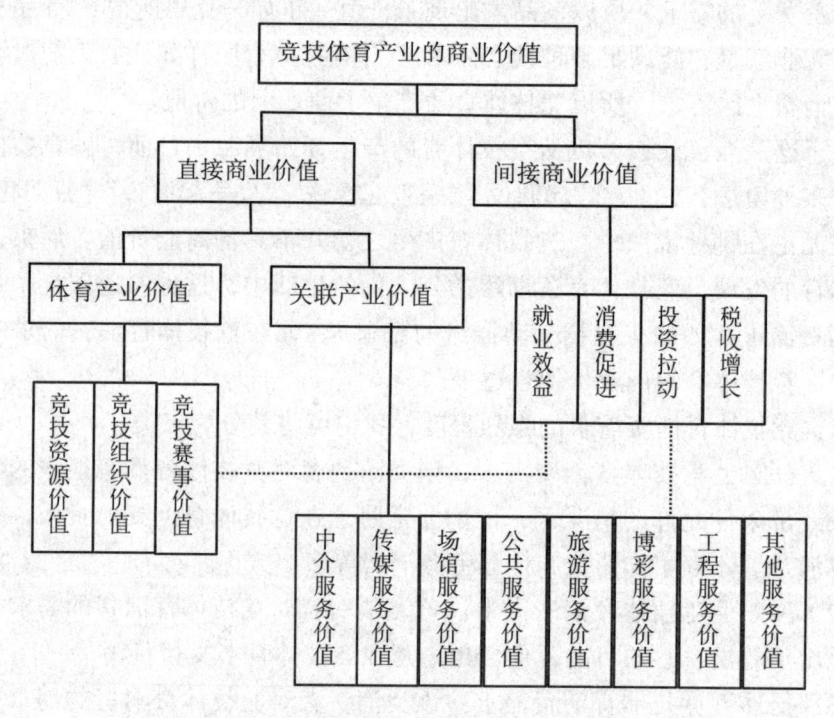

图 4-6　竞技体育产业商业价值体系

（注：图中虚线表明竞技体育产业的直接商业价值和间接商业价值之间并不是相互割裂的，在产生直接商业价值的同时，也附带产生间接商业价值）

三、竞技体育产业商业价值的评价与实现程度

竞技体育产业虽然具有巨大的商业价值，但就不同的地区而言，其商业价

值实现的程度也存在差别，所以针对竞技体育产业商业价值的实现程度还需要我们做更为细致的研究。为了更直观地呈现出竞技体育产业商业价值的实现程度，笔者设计了竞技体育产业商业价值的评价方法，该方法涉及六个指标，每个指标分为五个等级，具体内容见表4-3。

表4-3 竞技体育产业商业价值的评价指标与等级

评价指标	指标等级				
	很低	低	一般	高	很高
竞技体育消费的消费者基础：消费者是竞技体育消费的主体，消费者的消费能力、消费者对竞技体育的认知以及竞技体育消费的需求等都会影响竞技体育市场商业价值的实现					
竞技体育市场的开放程度：市场开放程度会影响资本的投入，也会影响与其他市场的交流					
竞技体育对社会大众的吸引程度：竞技体育对社会大众的吸引程度越高，越可能拉动社会大众在竞技体育上的消费					
竞技体育的宣传程度：竞技体育的宣传影响着人们对竞技体育的关注度，宣传程度越高，社会大众对竞技体育的关注度越高，他们在竞技体育上越可能进行消费					
竞技体育产业结构的完善程度：竞技体育产业结构越完善（如上游、下游都存在），其经营风险越低，商业价值实现的基础越牢固					
竞技体育赛事组织者专业化程度：竞技体育赛事组织者的专业化程度越高，其组织的赛事对竞技体育产业发展产生的积极影响越大					

综合上述六个评价指标，结合每个评价指标的等级（五个等级从低到高依次将分数界定为0，1，2，3，4），我们可以绘制一个竞技体育产业商业价值实现程度圆形图，如图4-7所示。将每项指标的得分连接起来，形成图4-7的虚线部分，其大小便可以比较直观地体现该地区竞技体育产业商业价值实现的程度。

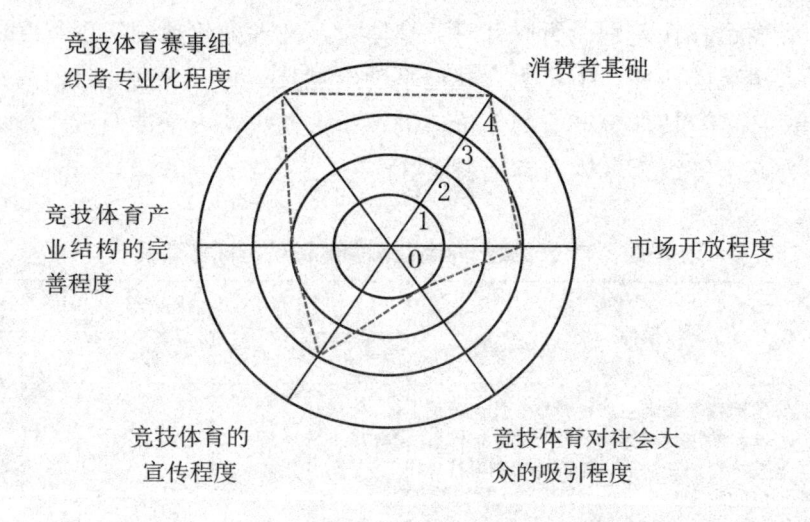

图 4-7 竞技体育产业商业价值实现程度圆形图

第四节 竞技体育产业发展策略

一、优化竞技体育产业发展的环境

良好的市场环境是产业发展的重要保障。如今，随着竞技体育消费需求的不断增长，竞技体育产业发展的前景越来越明朗，所以为了铺平竞技体育产业发展的道路，需要进一步优化竞技体育产业发展的环境。具体而言，可从如下两方面做出尝试。

（一）规范竞技体育行业组织的行为

竞技体育行业组织是社会组织的组成部分。所谓社会组织，是指人们为了达到某种共同目标，将其行为彼此协调与联合起来所形成的社会群体或社会集团。[①] 竞技体育行业组织的目的是为了促进竞技体育的发展，如中国篮球协会，其目的就是指导全国篮球运动的发展。作为引导竞技体育发展的一个主体，竞技体育行业组织的行为必须符合国家颁布的法律法规，还要符合社会伦理道

---

① 张勋宗. 公共关系理论与实务 [M]. 成都：电子科技大学出版社，2006：67.

德。如果他们不能规范自己的行为，甚至违反国家法律，其对竞技体育的发展将产生非常消极的影响，进而会影响竞技体育整个产业的发展。因此，在竞技体育行业协会自主制定章程规范自身行为的基础上，政府还需要加强监管，从而进一步规范竞技体育行业组织的行为。

同样以中国篮球协会（以下简称"篮协"）为例，篮协自1956年成立以来，为促进我国篮球运动的发展发挥了非常积极的作用。篮协为了规范自身的行为，制定了《中国篮球协会章程》，在章程中明确制定了内部管理制度，包括《会员管理办法》《会员代表选举办法》《会费管理办法》《执委会选举办法》《会员代表大会选举办法》等相关制度和文件；针对协会的资产，制定了资产管理、使用原则。《中国篮球协会章程》的制定为规范中国篮球协会的行为起到了积极的作用。与此同时，为了进一步规范中国篮球协会的行为，国家体育总局在1997年成立了国家体育总局篮球运动管理中心，虽然在中国篮球改革的过程中，篮球运动管理中心承担的业务职责自2017年4月1日起移交中国篮球协会，并以中国篮球协会的名义开展工作，但篮球运动管理中心并不会成为"甩手掌柜"，会继续按照党中央、国务院以及国家体育总局的相关要求，探索和完善"放管服"模式，从而走出一条有中国特色的篮球改革和发展之路。总之，竞技体育行业组织作为推动竞技体育发展的主体，要规范其行为，从而通过推动竞技体育的发展促进竞技体育产业的发展。

（二）推动地区间竞技体育产业的均衡发展

就我国当前竞技体育产业发展的整体情况来看，地区之间存在着发展不平衡的现象，集中体现在一线、二线城市发展较好，三、四线城市发展较弱。就产业发展而言，市场需求是一个重要的基础，相较于三、四线城市而言，一、二线城市由于资源充足、设施完善，所以竞技运动赛事的举办也比较集中，因此在一、二线城市生活的居民对竞技体育的认识更加充分，所以在竞技体育消费上也更加积极。不可否认，三、四线城市在设施和资源上确实存在一定的劣势，但随着一、二线城市消费市场的逐渐饱和，三、四线城市无疑将成为竞技体育产业发展的下一个目标。其实，很多产业在发展的过程中都会考虑市场情况，相较于三、四线城市而言，一、二线城市的市场确实更加明朗，但随着一、二线城市市场的饱和，产业发展应该逐渐向三、四线城市渗透，如果仍旧停留在一、二线城市，会形成一种一、二线城市过饱和，三、四线城市不足的现象，这不利于竞技体育产业的整体发展。因此，资本应加大对三、四线城市的投入，如组织一些重大比赛项目、投资建设一些体育设施等，从而逐步打开三、四线城市的市场，进而实现地区间竞技体育产业的均衡发展。

二、挖掘竞技体育产业潜在的商业价值

在前文笔者针对竞技体育产业的商业价值进行了阐述，并构建了竞技体育产业的商业价值体系，由此可看出竞技体育产业所展现的巨大商业价值。当然，就目前竞技体育产业发展的现状来看，竞技体育产业仍存在潜在的商业价值，还需要我们更深入的挖掘，从而进一步促进竞技体育产业的发展。关于如何挖掘竞技体育产业的商业价值，笔者认为可从如下三点着手。

（一）规划长期性的投资经营行为

竞技体育产业的专业化经营和规模化发展都是一个相对缓慢的过程，在其发展过程中，很多潜在的商业价值会随着产业的规模化和专业化不断被释放，产业发展也呈现出一种先缓慢后快速的特点（图4-8）。然而，在实际操作中，有时会出现投资经营的短期倾向，这种倾向并不利于竞技体育产业潜在商业价值的释放。当然，投资经营本身存在一定的风险，并非任何情况都适合长期投资，有时及时止损也是必要的投资经营手段，所以需要做好长期的战略性规划，使竞技体育产业稳步实现专业化经营和规模化发展，从而在产业健康发展的过程中不断释放出更多的商业价值。

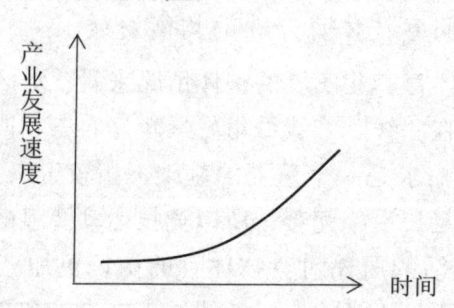

图4-8 产业潜在价值（产业发展速度）与时间的关系

（二）凸显产业链各环节的商业价值

竞技体育产业链是一个综合性的概念，是指不同地区的竞技体育产业及相关行业基于竞争力或竞争潜力的需要，在竞技体育产业链上下游主体之间的资

源依赖性、竞技体育产业辅助组织的配套性、竞技体育产业消费市场、政府政策等影响因素作用下形成的具有链条绞合能力的经济关系。竞技体育产业链是以竞技体育赛事为核心的，其涵盖的内容非常广泛（图4-9），而产业链中的每一个环节都具有商业价值，如果能够将每一个环节的商业价值凸显出来，那么竞技体育产业的整体商业价值也将会得到进一步的释放。

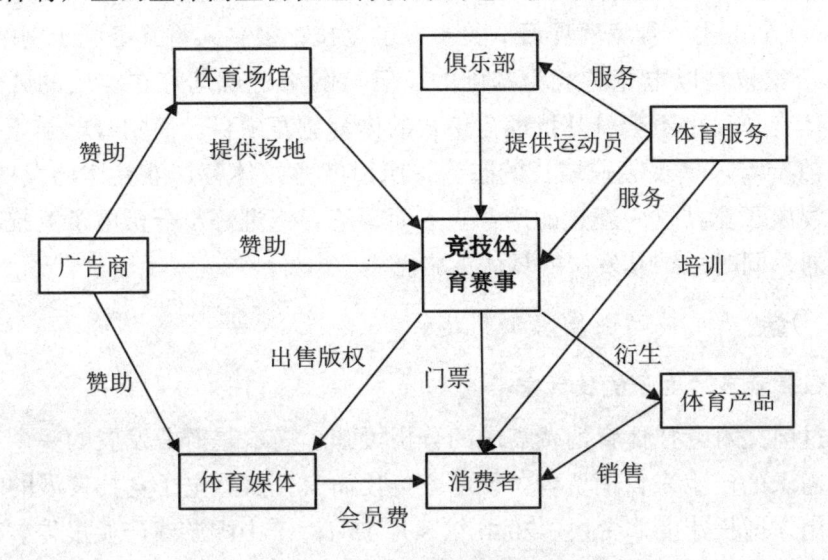

图4-9　竞技体育产业链

（三）加强国内外竞技体育产业的合作

竞技体育产业发展到今天，国际化已经成为一种趋势。就不同的国家而言，存在竞技体育资源、竞技体育需求等方面的差异，这种差异对于其他国家而言也许正是补充，而通过加强国内外竞技体育产业的合作，便可以拓宽竞技体育产业的市场，同时满足参与各方的目标诉求。因此，我们应当允许并鼓励国外竞技体育公司进入中国市场，支持国内企业与国外同类或不同类企业展开合作，以市场换资源，以信息换资源，以产权换资源，通过形成一批信息广、资源足、能力强的专业公司提高经营收入水平，通过有组织、有规模的竞赛项目降低单位经营成本，凸显中国竞技体育产业应有而未被充分开发利用的商业价值，促成更多竞赛项目具备足够的产业规模，加速我国竞技体育产业的发展。

三、发展竞技体育的新兴产业

随着竞技体育的发展，一些新的竞技体育运动项目不断涌现，其中，最具代表性的便是电子竞技。电子竞技不同于传统的竞技体育项目，它是以电子游戏比赛达到竞技层面的体育项目。2003年，国家体育总局正式批准将电子竞技列为第99个正式体育竞赛项目。关于电子竞技，很多人将其等同于网络游戏，虽然电子竞技是以电竞游戏为基础的，但与网络游戏却存在本质的区别，否则国家体育总局也不会将其批准为正式的体育竞赛项目。而随着电子竞技的发展，其消费需求呈现飞速增长的态势，所以就竞技体育产业整体的发展而言，不能忽视电子竞技这一新兴的产业。下面，笔者将进一步分析电子竞技产业发展的机遇，同时总结其发展的具体策略。

（一）电子竞技产业发展的机遇

1. 数量众多的电子竞技玩家

通过前文对竞技体育消费需求的分析可知，需求是产业发展的一个重要支撑，而需求的产生来自消费者。就电子竞技而言，虽然电子竞技发展的时间较短，但用户增长速度非常快。2020年8月15日，《中国游戏产业报告》数据显示，中国电竞用户规模已达4.84亿人，如此大的用户规模，无疑为电子竞技产业的发展提供了巨大的消费市场。

2. 专业赛事增多

随着电子竞技的发展，电子竞技专业赛事呈现逐渐增多的趋势，而国内自2004年由国家体育总局领导举办第一届电子竞技运动会之后，国内电子竞技赛事也呈逐年递增的趋势，尤其近些年来，一些国际顶级的赛事也被引进到国内，这进一步调动了游戏用户参与电子竞技的热情，也促进了消费者在电子竞技上的消费。目前，关于电子竞技的赛事非常多，笔者在此仅列举几个主要的电子竞技项目及其赛事（表4-4）。

表4-4　国内主要的电子竞技项目及其赛事

电子竞技项目	主要赛事
英雄联盟	LPL（英雄联盟职业联赛）、LDL（英雄联盟发展联赛）、MSI（英雄联盟季中冠军赛）、RR（英雄联盟洲际系列赛）、WCS（英雄联盟全球总决赛）、All-Star（英雄联盟全明星赛）
守望先锋	OWL（守望先锋联赛）、OWOC（守望先锋挑战者系列赛）、OWOD（守望先锋公开争霸赛）、OWC（守望先锋世界杯）
DOTA2	i联赛（imbaTV）、G联赛、超新星公开赛、ISS中国网吧超级赛、DOTA2国际邀请赛

3. 电子竞技的认可度逐渐提高

在电子竞技发展之初，很多人将电子竞技与网络游戏等同起来，所以很多人对电子竞技持消极的态度，这在很大程度上限制了电子竞技的发展。而近些年，社会大众对电子竞技的认识在逐渐改观，对电子竞技的认可度也在逐年提高。2019年，中国人社部发布公示通告，拟发布15个新职业，其中包括电子竞技员、电子竞技运营师2个电竞相关的职业。2020年，亚洲奥林匹克理事会宣布电子竞技项目成为亚洲运动会正式比赛项目，8个项目入选2022年杭州亚运会。2021年，教育部正式发布《职业教育专业目录（2021年）》(以下简称《目录》)，新版《目录》共设置19个专业大类、97个专业类、1 349个专业，其中，高等职业教育本科新增了电子竞技技术与管理专业。上述事件都表明了国家对电子竞技的认可，而在国家的引导下，随着社会大众对电子竞技认可度的不断提高，电子竞技产业将会实现进一步的发展。

（二）电子竞技产业发展的具体策略

作为新兴的产业，电子竞技产业展现了巨大的发展潜力，但其发展也不可避免地存在一些问题，所以在促进电子竞技产业发展的过程中，需要政府、媒体、企业和高校等多方共同努力，如图4-10所示。

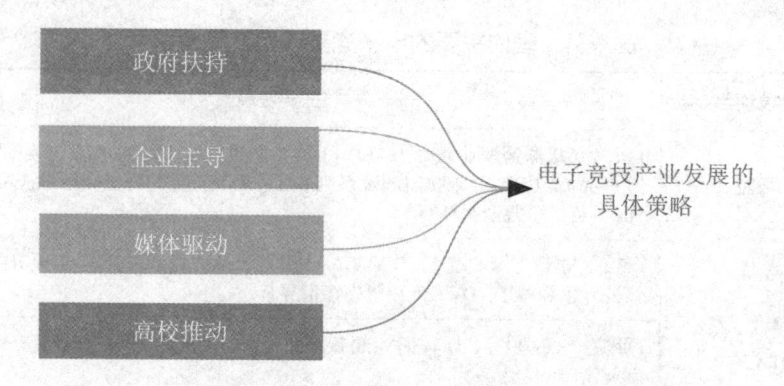

图 4-10　电子竞技产业发展的具体策略

1. 政府扶持

政府部门应在充分调查的基础上制定相应的扶持政策，加强对电子竞技产业发展的服务和指导，以便促进电子竞技产业健康、可持续的发展。比如，完善产业发展配套政策，鼓励企业自主创新，创造优秀产品，合理优化产业格局，提升产业发展动力。针对电子竞技产业中非常重要的知识产权，可构建电子竞技知识产权保护体系，对于侵权行为，加大处罚的力度，从而降低侵权事件发生的概率。当然，在扶持电子竞技产业发展的同时，我们还需要完善电子竞技相关的法律法规，从而规范电子竞技产业的健康发展。

2. 企业主导

企业是电子竞技产业发展的主体，虽然政府从宏观角度上指导着电子竞技产业的发展，但在具体的落实与实施中，企业起着主导性的作用。而企业在主导电子竞技产业发展的过程中，应注意如下两点：

第一，走职业化之路。就电子竞技产业发展而言，职业化是其未来发展的主要方向，因为无论是从横向还是纵向看，职业化都是必然之路。从横向看，美国、欧洲、韩国等电子竞技比较发达的国家，其产业都在向着职业化的方向发展，如果我国不走职业化之路，很容易会在与他国的竞争中处于劣势。从纵向看，电子竞技产业发展只有走职业化的道路，其商业价值才能逐渐凸显。因此，中国电子竞技产业应按照职业化的方向发展。

第二，强化企业自律意识。在政府的监管与约束下，电子竞技产业的发展能够基本保持一种良性的状态，但如果企业不能约束自己，那么外在约束的效果也会减弱。因此，作为电子竞技产业发展的主导者，企业应强化自律意识。

比如，在产品研发上，企业不能只引进国外的电子竞技产品或者一味模仿抄袭，而是要注重原创IP的创作和保护，努力研发高质量的电子竞技产品，这样才是自律的表现，也才能促进电子竞技产业健康、可持续的发展。

3. 媒体驱动

如今，虽然越来越多的人对电子竞技有了新的认识，也对电子竞技有了一定的认可，但很多人对电子竞技仍然存在一些偏见，所以媒体需要针对电子竞技做进一步的宣传，从而进一步改变社会大众对电子竞技的认知。在宣传中，媒体应找准社会大众形成偏见的主要原因。在笔者看来，将电子竞技和网络游戏等同是造成这一偏见的主要原因，所以媒体在宣传的过程中，要将电子竞技与网络游戏加以区别，让社会大众认识到电子竞技积极的一面，这对于促进电子竞技产业向更高级的有序状态发展具有非常积极的意义。当然，关于电子竞技和网络游戏，二者虽然存在本质上的不同，但二者都是信息技术的产物，既有不同之处也有着很多相同之处，所以除了媒体的宣传之外，电子竞技自身如何处理好与网络游戏的关系，也是电子竞技运动发展所必须面对的一个重要问题。

4. 高校推动

高校大学生是电子竞技运动的主要参与群体和消费群体，为了使电子竞技运动成为促进大学生发展的一个助推器，高校应有序引导大学生的电子竞技参与行为和消费行为。另外，电子竞技比赛作为大学生体育赛事中的组成部分，高校也要加强对赛事的支持与管理。高校对电子竞技产业的推动作用除了体现在上述两方面外，还体现在电子竞技人才的培养上。2021年，教育部正式发布的《职业教育专业目录（2021年）》中，高等职业教育本科新增了电子竞技技术与管理专业，这意味着电子竞技成了正式教育的一部分。

高校作为人才培养的主要场所，电子竞技专业的开设将为电子竞技产业的发展输送更多优质的人才，这对促进电子竞技产业的发展具有重大的意义。而为了进一步推动高校电子竞技专业的建设，政府应发挥领头作用，同时鼓励企业参与，共同为高校电子竞技专业的建设出一份力。例如，2021年10月22日，由山东省教育厅指导，山东体育学院、邦尼集团主办，山东体育学院体育传媒与信息技术学院、蓝海领航电子竞技（山东）有限公司、山东广电惠生活传媒有限公司承办的"2021第一届中国高校电子竞技专业建设研讨会"（图4–11）在山东济南成功举办。

图 4-11 2021第一届中国高校电子竞技专业建设研讨会

  会上成立了全国高等院校电子竞技专业建设联盟。该联盟将汇聚多方力量，搭建起电子竞技专业建设资源共享平台，共同进行电子竞技专业顶层设计及总体规划，对专业人才培养方案制定、课程建设、师资队伍建设、实验实训条件建设、校企合作等方面进行交流探讨、决策咨询、资源协同和监督评议，发挥资源集聚效应，实现资源整合和共享效益最大化，形成人才培养合力。联盟将积极组织成员进行政策理论研究学习，建立联盟成员协作交流机制，加强创新发展推广宣传，实现联盟及成员单位的整体发展和个性化创新发展，惠及更多的师生。各高校及企业也将致力于丰富我国高校电子竞技运动的赛事体系，从中培养、发掘青年人才，进而推动我国电子竞技产业稳步、规范发展。

第五章　体育消费与体育用品产业发展

第一节　体育用品及其产业阐述

一、体育用品

（一）体育用品的定义

随着体育运动的发展以及人们参与体育运动的意识的不断提高，体育运动已经成为很多人生活中重要的组成部分，而体育用品的含义也随着体育运动的普及而不断扩展。因此，在对体育用品进行定义时，我们可从广义和狭义两个角度着手。

从狭义的角度界定，体育用品是指用于体育运动并符合运动项目规定的一种特殊的生活消费品，主要用于体育运动比赛和体育运动训练。由于其应用的场合特殊，所以其结构与性能应符合体育运动的特点，以便有助于提高运动员的运动成绩，如跑鞋的设计需要做到轻便、弹性好、减震。此外，体育用品的设计还需要符合体育运动赛事的要求，并经过质量监督部门、体育运动专业协会等有关组织检验与认证。

从广义的角度界定，体育用品是指用于体育活动并符合体育活动要求的一种生活消费品的总称，不仅可用于体育运动比赛和体育运动训练，还可以用于体育教学和健身休闲，主要包括体育器材、运动服和运动鞋三大类。由于使用场合没有限制，所以一般对其性能要求不是很高，只需要符合体育运动的基本要求即可。本章所讨论的体育用品主要是广义角度上界定的体育用品。

（二）体育用品的属性

属性就是对于一个对象的抽象刻画。一个具体的事物必然是有属性的事物，这是区分不同事物的一个依据，因为不同事物之间，其属性必然存在不同的地方，当然，也可能存在相同的地方。就体育用品的属性而言，既存在本质属性，也存在非本质属性。所谓本质属性，就是该类事物都具备的属性，是区别于其他事物的共同属性（这就是不同事物之间属性的差异）；而非本质属性就是对该事物不具备决定性意义的属性，其他事物也可能具备该属性（这就是不同事物属性的共同之处）。体育用品的属性可从四个方面解读：体育性、专门性、消费性和生活性。其中，体育性和专门性是本质属性，而消费性和生活性是非本质属性（图5-1）。

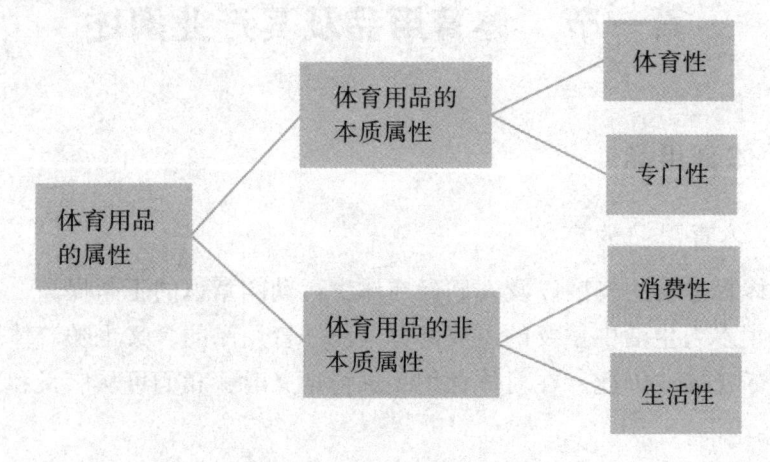

图 5-1 体育用品的属性

1. 体育用品的本质属性

（1）体育性。体育用品作为人们体育活动中使用的物品，具有独特的体育属性，这是其他生活用品所不具备的。所以企业在设计体育用品时，应从体育活动的实际出发，使设计的体育用品能够满足人们体育活动的需求，包括身体活动、心理活动和情感活动的需求，同时有利于提高体育锻炼的效果，从而最大限度地发挥体育用品的功能与效用。

（2）专门性。专门性是在体育性基础上对体育用品属性做的进一步界定，因为不同的体育运动项目使用的体育用品不同，如篮球运动使用的是篮球，足球运动使用的是足球。此外，对于同一物品，不同体育运动项目的要求也不同。比如，对于运动鞋而言，田径运动中有跑鞋、马拉松鞋，篮球运动中有篮球鞋，足球运动中有足球鞋。因此，针对不同的体育运动，体育用品也凸显出专门性的属性。

2. 体育用品的非本质属性

（1）消费性。体育用品属于人们生活资料中的消费品，消费者需要支付一定的金钱才能获得，所以体育用品具备消费性的属性。当然，消费性并不是体育用品独有的属性，很多可以被售卖的用品都具有消费性的属性，所以消费性属于体育用品的非本质属性。

（2）生活性。体育用品是人们生活资料的组成部分，但并不属于生存型的生活资料，而是人们在基本满足生存的基础上，追求的更高层次的生活资料，以达到提高生活质量的目的。如今，随着人们生活水平的不断提高，人们的生存问题已经基本解决，所以越来越多的人开始追求健康的生活方式，而体育运动作为一种能够强身健体的途径，已经渗透到人们的生活中，体育用品已经成为多数人生活中不可或缺的存在。因此，如今的体育用品已经初步具备了生活性的属性。

（三）体育用品的分类

体育用品的种类非常丰富，依据不同的分类标准，体育用品可分成不同的类别。

1. 依据体育运动项目分类

体育运动项目的种类很多，如田径、篮球、足球、羽毛球、自行车等，所以相应的体育用品可以用体育运动项目命名，如田径运动用品、篮球运动用品、足球运动用品、羽毛球运动用品、自行车运动用品等。

2. 依据体育用品的功能分类

体育用品依据功能可分为体育器材设备、运动服装、运动鞋、运动装备和运动营养品。

（1）体育器材设备。根据体育器材设备用途的不同，可分为如下几种。

①竞赛器材：指用于各种竞赛的运动器材，包括比赛器材、场地设备和裁判器材。a.比赛器材，指竞赛中运动员使用的器材，包括公共器材和个人器材两种。公共器材是比赛双方（几方）共同使用的运动器材，如球类运动中的篮球、足球，体操运动中双杠、单杠等。个人器材是指在符合比赛规则的前提下，运动员个人使用的运动器材，如游泳运动中的泳衣，球类运动中的球拍、球杆等。b.场地设备，指竞赛中专业的场地设备，如田径运动中的跑道、足球运动中的草地、游泳运动中的游泳池等。c.裁判器材，指裁判员在比赛过程中

使用的运动器材，包括裁判用具（发令枪、口哨）、裁判桌椅和计分设备（如终点计时仪、成绩显示牌）。

②训练、健身器材：指用于体育训练和健身的体育器材，其使用对象多为运动员和有健身需求的人士。

③民族体育器材：指用于民族体育运动中的体育器材，如空竹、龙舟、风筝等，很多民族体育器材都具有独特的民族特色。

④娱乐休闲运动器材：指用于日常生活中娱乐休闲的体育器材，如钓鱼、登山、棋牌等运动中使用的运动器材。其实，很多竞赛器材也可用于日常生活的休闲娱乐，如篮球、羽毛球、乒乓球等，只是相比于比赛而言，日常生活中使用的竞赛器材没有特殊的要求。

（2）运动服装。运动服装的种类很多，大致可分为比赛服和休闲服两种。

①比赛服：指运动员在体育竞赛中穿着的服装，该类服装必须满足竞赛的规则，同时要有助于运动员取得更好的成绩。比如，游泳运动中的服装设计要求尽量减少水的阻力。

②休闲服：指人们日常休闲娱乐运动中穿着的服装，这些服装没有严格的要求，也可在日常的生活中穿着，有些和生活服装有机结合，具有生活化、时尚化的特点。

（3）运动鞋。运动鞋和运动服装一样，也分为比赛运动鞋和休闲运动鞋两类。

①比赛运动鞋：指运动员在体育竞赛中穿着的鞋，该类鞋必须满足竞赛的规则，同时要有助于运动员取得更好的成绩。

②休闲运动鞋：指人们日常休闲娱乐运动中穿着的鞋，这些鞋没有严格的要求，也可在日常的生活中穿着，有些鞋子为了满足更多的需求，添加了时尚性的设计，具有时尚化的特点。

（4）运动装备。运动装备指人们在运动场所或户外休闲、户外旅游时使用到的一些物品，包括运动箱包和其他运动配具（如运动帽、运动护具、运动专用眼镜等）。

（5）运动营养品。运动营养品指在体育运动过后为补充机体能力而专门设计和生产的食品，如蛋白粉、微量元素补充剂等。

二、体育用品产业

（一）体育用品产业的内涵与分类

1. 体育用品产业的内涵

体育用品产业是体育产业的重要组成部分，是以体育用品为核心发展起来的产业，也是面向社会生产制造体育用品和销售体育用品的同一类经济活动的集合，主要包括体育器材及配件制造、训练健身器材制造、球类制造、运动防护用具制造以及其他体育用品制造等。其实，竞技体育产业、旅游体育产业、体育培训产业等体育产业的其他组成部分都离不开体育用品产业的支撑。如今，随着我国体育事业的发展，人们体育运动意识的不断增强，体育用品产业已经渗透到人们的生活之中，并在促进社会大众身体健康、休闲娱乐、陶冶情操等方面发挥着不可替代的作用。

2. 体育用品产业的分类

结合上文对体育用品的分类，同时参考用途关联分类法，笔者认为可将体育用品产业分类如表 5-1 所示。

表 5-1 体育用品产业分类

类 别	细分类别
体育器材制造业	球类制造
	训练健身器材制造
	体育器材配件制造
	休闲娱乐体育器材制造
	辅助体育器材制造
	特殊体育器材制造
体育服装与鞋帽制造业	运动服装制造
	运动鞋制造
	运动帽制造

续　表

类　别	细分类别
体育相关用品制造业	运动箱包制造
	运动营养品制造
	运动用车、船、航空器制造
	运动用场地相关用品制造

（二）我国体育用品产业的发展历程

我国体育用品产业的发展大致经历了四个阶段：起步阶段、快速发展阶段、加速扩张阶段、稳定增长阶段，具体见图5-2。

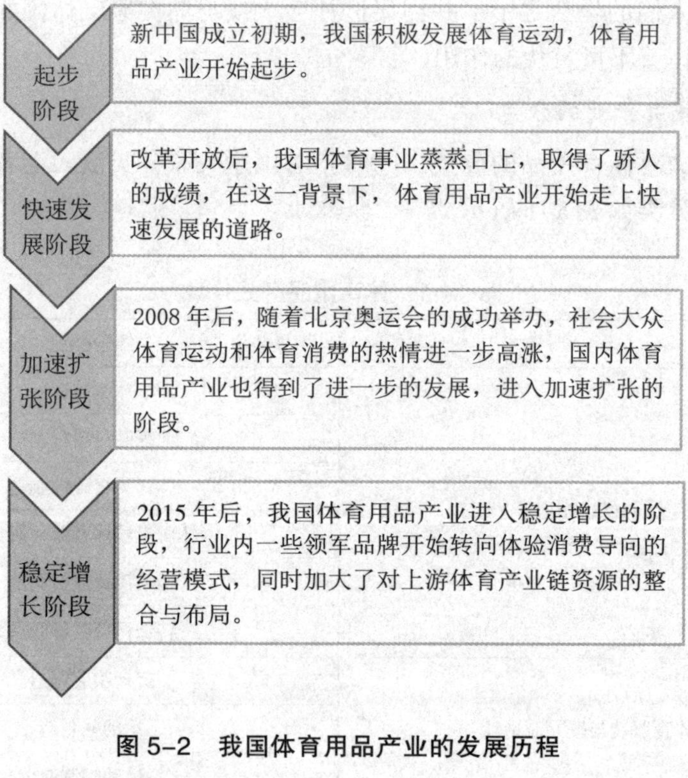

起步阶段：新中国成立初期，我国积极发展体育运动，体育用品产业开始起步。

快速发展阶段：改革开放后，我国体育事业蒸蒸日上，取得了骄人的成绩，在这一背景下，体育用品产业开始走上快速发展的道路。

加速扩张阶段：2008年后，随着北京奥运会的成功举办，社会大众体育运动和体育消费的热情进一步高涨，国内体育用品产业也得到了进一步的发展，进入加速扩张的阶段。

稳定增长阶段：2015年后，我国体育用品产业进入稳定增长的阶段，行业内一些领军品牌开始转向体验消费导向的经营模式，同时加大了对上游体育产业链资源的整合与布局。

图5-2　我国体育用品产业的发展历程

第二节　体育用品消费市场分析

一、体育用品市场现状分析

（一）体育用品市场规模巨大

2015—2019 年，我国体育用品及相关产品制造的总产出始终维持在 1 万亿元以上的规模，且始终占体育产业总产出的 40% 以上，由此可见其市场规模的巨大，具体数据见表 5-2。

表 5-2　2015—2019 年我国体育用品及相关产品制造的总产出

年　份	总产出 / 亿元
2015	11 238.2
2016	11 962.1
2017	13 509.2
2018	13 201
2019	13 614.1

注：上表数据来源于国家统计局。

我国体育用品产业市场规模的巨大除了体现在总产出之外，还体现在数量快速增长的体育用品企业上。不得不说，随着我国体育事业的蓬勃发展，众多企业纷纷进入体育市场，近些年，体育用品企业数量持续增长。根据前瞻产业研究院发布的《2021—2026 年中国体育用品行业发展前景与投资战略规划分析报告》可知，截至 2020 年 6 月，国内共有体育用品制造相关企业数量为 9 534 家。数量如此庞大的体育用品企业，也可以从一定程度上反映我国体育用品市场的规模。

（二）政府政策利好体育用品市场持续发展

近年来，针对体育运动，我国先后出台了《体育强国建设纲要》《全民健身计划(2021—2025年)》等文件，上述文件不仅强调了全面健身的重要性，还指出了体育产业高质量发展的重要性。比如，《全民健身计划(2021—2025年)》便明确提出，到2025年，各运动项目参与人数持续提升，经常参加体育锻炼的人数比例达到38.5%。此外，针对体育产业发展，国家出台了更为具体的支持性政策（具体政策及内容见表5-3），虽然有些政策没有具体到体育用品产业上，但作为体育产业的上游，体育产业宏观政策的利好，都有利于体育用品产业的发展。

表5-3 体育用品产业相关政策及内容

时间	政策名称	相关内容
2010年	《国务院办公厅关于加快发展体育产业的指导意见》	进一步提升我国在世界体育用品业中的地位。积极推进标准化工作，制定完善国家标准和行业标准，加强涉及强制性标准体育用品质量监管，加强体育用品产品的认证工作，有效推动体育用品的品牌建设，增强我国体育用品的国际市场竞争力。打造国际一流的体育用品博览会
2016年	《体育发展"十三五规划"》	进一步优化体育服务业、体育用品制造业及相关产业结构，实施体育服务业精品工程、体育用品制造业创新提升工程和体育产业融合发展工程。加快体育产业要素结构升级，培育专业人才、品牌、知识产权等高级要素
2019年	《国务院办公厅关于促进全民健身和体育消费推动体育产业高质量发展的意见》	支持体育用品制造业创新发展。推动智能制造、大数据、人工智能等新兴技术在体育制造领域应用。鼓励体育企业与高校、科研院所联合创建体育用品研发制造中心
2021年	《"十四五"体育发展规划》	打造现代体育产业体系，加快形成以健身休闲、竞赛表演业等为龙头、高端制造业与现代服务业融合发展的体育产业体系。培育壮大体育市场主体，培育一批细分领域的"专精特新"中小企业、"瞪羚"企业和"隐形冠军"企业。扩大体育产品和服务供给，大力发展运动项目产业，丰富竞赛表演、健身指导、技能培训等各类产品和服务

在国家政策的宏观指导下，很多地区结合当地体育产业的发展出台了更为详细的政策，其中便包含体育用品产业发展的利好政策。例如，2021年9月29日，河北省制造强省建设领导小组印发了《河北省体育用品产业发展工作方案》（以下简称《方案》），《方案》提出，到2025年，基本形成链条完善、结构合理、特色鲜明的现代体育用品产业体系，产品丰富度、品质满意度、品牌

认可度明显增强，全省体育用品产业总规模达到1 200亿元左右。《方案》还指出，支持企业应用新材料、新技术、新工艺以及人机工程学等理念，设计研发原创性新产品，拓展体育用品的功能、性能和用途，提升新颖性、美观度和舒适性。鼓励设计意识强、发展潜力大的体育用品龙头企业建立工业设计中心，支持争创国家级、省级工业设计中心。

总之，无论是国家政策，还是地方政策，在政府政策的利好下，体育用品市场无疑将会继续保持良好的发展态势。

二、体育用品消费需求分析

（一）体育用品消费需求持续增长

在《体育强国建设纲要》《全民健身计划(2021—2025年)》等文件的影响下，全民健身的理念逐渐深入人心，社会大众参与体育运动的热情也逐渐被调动起来，这促进了体育用品消费需求的增长。虽然新冠肺炎疫情的出现对体育产业造成了一定程度的影响，但人们也因此更加意识到体育运动的重要性。2020年9月28日，中国国际体育用品博览会组委会在官网正式发布《2020年全民健身行为和消费研究报告》（以下简称《报告》）。《报告》在起草之初就充分考虑到了体育发达地区的全民健身行业的发展现状和上、中、下游生态系统，分成六个篇章，分别是当前体育发达地区全民健身的整体特征、全民健身消费行为现状、商用/家用/室外健身器材、青少年体育培训、家庭健身和女性健身、新冠肺炎疫情下的全民健身。《报告》指出，虽然新冠肺炎疫情对体育产业造成了暂时的影响，但疫情也同时激发了消费者健身的热情，这对提振体育消费和市场信心非常重要。

《报告》显示，疫情居家期间，体育运动者锻炼热情较高，保持运动者比例为93%。在锻炼方式方面，则更显出多样性：58%的锻炼者做自己熟悉的基本运动，运动类APP的使用占48%，视频网站上运动视频的使用比例为37%，29%的锻炼者购买了健身设备，新兴的教练直播运动形式的使用比例也达到了20%。统计数据显示，疫情期间保持体育运动者平均每天锻炼1.8次，平均锻炼时长33分钟。同时，体育运动者也呈现出了一定的地域性：一线城市体育运动者保持运动的比例显著高于二、三线城市，他们对各类室内锻炼形式的参与度明显更高。

根据苏宁体育发布的体育消费大数据显示，2021年1—5月，体育零售销量同比增长152%，健身器材、跑步机等居家运动器械增幅明显，分别增长280.6%、179%。居家健身器材销售催生体育消费增长的背后，是疫情下消费者健身需求的变化。《报告》显示，疫情期间，65%的体育运动者购买过体育用品。购买最多的类型为运动鞋、运动服饰、球类用品、瑜伽舞蹈用品、小型健身器械。通过综合购买者比例和疫情期间购买占比来看，居家锻炼和空间有限的因素，导致了消费者对小型健身器材的需求短期暴增63%。

《报告》最后还指出，有80%的运动者未来还会继续保持体育锻炼和在体育用品上的投入，并且在一线城市健身氛围、居民花费在健身项目上的时间和金钱不断增长的同时，三线城市居民锻炼意愿也在逐渐增强，全民健身消费市场的渠道正在不断"下沉"。这表明未来体育用品消费需求仍将持续增长，体育用品市场将持续向好。

（二）消费者需求呈多样化和个性化

自2008年我国成功举办奥运会后，我国体育用品产业进入加速扩张的阶段，社会大众体育用品消费的需求也呈逐年递增的趋势。但社会是在不断发展的，社会大众的需求也在不断变化。近些年，消费者在体育用品上的消费需求逐渐呈现多样化和个性化的特征，这种需求的转变对体育用品产业而言是一个挑战，但也是一个机遇。

面对消费者体育用品消费需求的转变，企业应转变产品制造的思路，不能将全部的重心放在产品上，而是要同时重视消费者需求，直面消费者生活。其实，就目前各个产业发展的现状来看，很多企业都在寻求从制造端到消费端的转变，因为消费者需求是产品制造的核心，当消费者需求发生变化时，产业发展也必然要调整策略。尤其在消费者需求呈个性化和多样化的今天，产业更需要从消费者的角度出发，才能制造出满足消费者需求的产品。

（三）消费者需求呈品牌倾向

产品品牌是商品交换的产物，是具有经济价值的无形资产，是用抽象化的、特有的、能识别的概念来表现其不同于其他商品，从而在人们的意识当中占据一定位置的综合反映。① 在今天，人们的品牌意识越来越重，在选购产品时，品牌通常会成为一个重要的考虑因素，因为对于很多消费者来说，并不能从专业的角度评判产品的好坏，而品牌则可以从一定程度上反映产品的质量，

---

① 内蒙古自治区质量技术监督局.质量发展[M].北京：中国质检出版社.2018:125.

因此逐渐形成了品牌意识。

针对体育用品产业，笔者为了进一步了解消费者对体育用品品牌的重视程度，设计了一个简单的调查问卷，具体内容见表5-4。

表5-4　消费者体育用品品牌态度调查问卷

性别	年龄
调查内容	1.您对体育用品品牌了解多少？ A.非常了解　B.有些了解　C.不了解 2.您在购买体育用品时，会优先考虑产品的品牌吗？ A.会　　B.有时会　　C.几乎不会　　D.从来不会 3.您在购买体育用品时，通常会＿＿＿＿。 A.固定某一品牌　　B.偶尔变换品牌 C.经常变换品牌　　D.不看品牌，合适即可 4.在选择品牌时，您会优先选择＿＿＿＿。为什么？ A.国外品牌　B.国内品牌　C.不确定 5.您认为国内品牌和国外品牌各有什么优缺点？ 6.您认为体育用品品牌在哪些地方有优势？（可多选） A.质量好　　B.时尚　C.功能强大　D.款式多样 E.有创新　　F.有个性　G.有品牌文化 7.您喜欢哪些体育用品品牌？为什么？ 8.您对当前体育用品品牌有什么建议？

根据调查报告的结果可知，很多人在选择体育用品时，对品牌重视的程度越来越高。因此，重视品牌竞争力的提高，是体育用品产业发展需要思考的一个方向。

第三节　体育用品产业的组织优化

一、产业组织含义及其优化的理论基础

（一）产业组织的含义

关于产业组织的含义，学者们通常有三种观点：①依据一定的目的、任务和方式进行安排和编制，如组织可以是企业的管理职能之一，或者某个活动的相关组织，体现的是动态意思；②组织作为名词，就是指形式，如各种国家政权、党派、团体以及医院、学校等；③组织表明各个组成部分相互之间的关系，如市场的专业化分工的相关组织等。1890年，新古典学派经济学家马歇尔首先把组织作为经济学的概念提出，他认为组织应该作为一种新的能够强化知识等作用的生产要素，主要包括企业自身内部的组织、某一产业内的各种企业之间的组织、不同的产业之间的组织以及政府的组织等。本书更加认可马歇尔对组织含义的解读，所以笔者认为产业组织的含义是同一产业下的企业之间通过相互作用的经济活动而形成的组织或市场关系，体现了交易关系、行为关系以及资源配置关系和相应的利益关系。

（二）产业组织优化的理论基础

1.SCP范式

SCP范式是产业组织理论中的一种重要的分析范式，其核心是运用微观经济理论分析现实中的市场、产业和市场中企业之间的竞争与垄断关系，研究制约和发挥价格机制作用的现实因素和条件，最终为政府制定旨在提高市场运行效率的公共政策提供依据和指导。SCP范式中的"S"指市场结构（structure），"C"指市场行为（conduct），"P"指市场绩效（performance），这三个方面也是SCP范式的构成要素。市场结构、市场行为、市场绩效之间存在着因果关系，简单来说就是市场结构影响着市场行为，而市场行为影响着市场绩效。当然，随着市场经济的不断发展，市场的实际情况变得愈加复杂，这种影响逐渐从单向影响转变为双向影响，与此同时，政府在其中发挥着监管与调控的作

用，具体如图 5-3 所示。

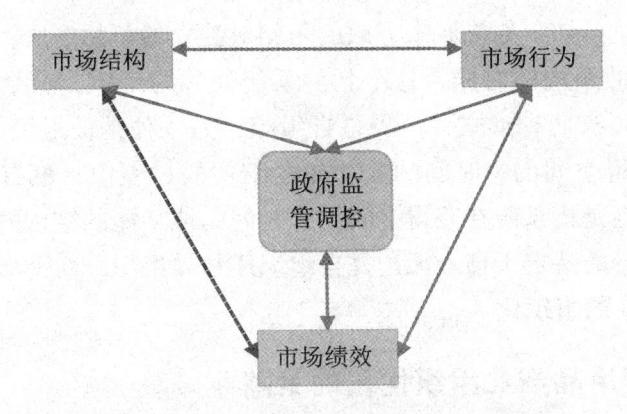

图 5-3　SCP 间及其与政府间的关系

（注：①图中市场结构与市场绩效间的虚线表明二者之间的相互关系并不是直接的，而是间接的，是通过市场行为相互影响的。②政府与 SCP 之间的双向关系是指政府在对市场进行监管调控的同时，还需要接受市场的反馈）

2. 垄断竞争理论

垄断竞争理论是有关垄断和竞争的一种理论，体现了对于某一产业内部各个企业之间的垄断与竞争的关系和由此而产生的各种矛盾问题。关于垄断竞争理论，最早的研究者是马歇尔，并提出了"马歇尔冲突"的理论悖论。马歇尔指出，企业的大小与规模经济呈正相关，当企业渐渐庞大，大规模的生产力能力可以使企业获得规模经济，而规模经济可以帮助企业降低生产成本，并以此占领更多的市场，进而逐步形成垄断地位，而垄断的形成会带来在资源合理配置的过程中对竞争机制发挥作用的阻碍，从而阻碍市场经济的活力。"马歇尔冲突"理论悖论所揭示的市场竞争活力与规模经济效应发挥两者之间的关系，成了现代产业组织理论所关心的核心问题。

针对垄断和竞争的关系，克拉克认为要有效解决规模经济和竞争活力的关系，需要从短期和长期两个角度着手，与此同时，采取多元化的竞争手段，从而在发挥规模经济的基础上有效维护竞争的活力。另外，鲍默尔提出了"可竞争市场理论"，这一理论强调了政府监管和调控作用的重要性，同时指出了多元化经营的范围经济概念，具有很强的指导意义。

3. 自组织与被组织理论

由组织理论可知，如果原来分散的、相对独立的事物形成一个具有整体结构和概念的新的系统的时候，这个新的系统便称为组织，这个过程称为组织化。组织化主要有两种形式：一种是自组织，另一种是被组织。所谓自组织，是指系统在获得空间的、时间的或功能的结构的过程中，没有外界的特定干预。而被组织则是指系统在获得空间的、时间的或功能的结构的过程中，存在着外界对其进行的特定干预。无论是自组织还是被组织，两种形式都能够发挥作用，推动产业的组织化。

二、体育用品产业组织优化的策略

体育用品产业组织优化有助于产业组织之间形成良性且有效的竞争状态，在社会大众体育用品消费需求逐渐提升的今天，体育用品市场将会变得越来越明朗，而通过优化体育用品产业组织，无疑能促进体育用品产业更加健康的发展，从而更好地满足社会大众的体育用品消费需求。笔者以体育用品产业组织优化的理论为指导，结合我国体育用品产业的特点，针对我国体育用品产业的组织优化提出如下三点思考。

（一）优化大型体育用品企业集团

1. 大型体育用品企业集团的组织结构类型

大型体育用品企业集团作为多个体育用品企业组成的联合体，大致可以分为三种结构类型：U 型结构、H 型结构和 M 型结构。

（1）U 型结构。U 型结构的"U"是"一元"（united）的意思，即集团按照内部职能的需求划分组织的形式，这是最基本的一种结构形式。U 型结构的特点是集团总部与下属企业直接建立联系，并且具有高度的指挥权和控制权，其优点是集团总部可以有效地统一下属企业，缺点是下属企业的自主性较弱，容易扼杀下属企业的创新性和活力。

（2）H 型结构。H 型结构是一种设立了中间管理层的集团结构形式，其特点是分权式管理，即集团的下属企业有自我管理权。集团与企业之间通过股份相连接，因为集团持有股份，所以对下属企业具有一定的管理和控制权，也承担着有限责任。该结构的优点是下属企业具有较强的自主性，同时各下属企业统领不同的行业，这样可以有效降低经营的风险；缺点是集团的控制力弱，存在不稳定因素。

（3）M型结构。M型结构可以看作是上述两种结构的一个复合变体，集团将事业部作为企业集团的中间管理层，所以该结构的集团可分为三个层次：最高层次的集团、中间管理的事业部和下属企业。该结构的优势在于既可发挥集团统一管理的优势，也可发挥分权优势。

2. 优化大型体育用品企业集团的措施

针对大型体育用品企业集团的优化，笔者认为可以从如下两个方面做出尝试。

（1）企业重组。企业重组是通过重新对企业资产进行组合和优化以达到提高企业资产利用率的一种措施。企业重组既可发生在同一企业内，也可发生在不同企业间。对于体育用品企业来说，企业重组能够促进市场的集中，但由于我国目前体育用品企业重组的条件不是很完善，所以政府应加强指导。在很多行业，其实都存在一些弱势低效的企业，政府应鼓励和指导优势高效企业收购和兼并那些弱势低效的企业，同时出台一些优惠政策，帮助企业更快地渡过并购期。

（2）优化企业集团的内部机制。优化企业集团的内部机制也可以提高企业集团的活力，增强企业的自组织能力，具体可以从制度创新、管理创新、技术创新三个方面着手。首先是制度创新。就我国体育用品企业发展的现状来看，虽然近些年很多企业在经济效益上有了很大的提高，但一些企业在制度上仍旧存在一些问题，所以首先需要做的就是对制度进行完善。其次是管理创新，有些企业在管理上仍旧沿用传统的管理方式，这是导致企业发展受限的一个重要因素，所以在制度完善的基础上还需要进行管理上的创新。最后是技术创新，在今天，市场竞争愈加的激烈，技术的重要性愈加凸显，所以进行技术上进行创新是企业的一个必然选择。

（二）组建大型与中小型体育用品企业产业集群联盟

1. 大型与中小型体育用品企业产业集群联盟组建的意义

（1）有助于节约成本，实现企业的双赢。要想在市场竞争中占得优势，在保持质量的基础上降低成本，然后降低产品价格，不失为一个有效的途径。大型与中小型体育用品企业产业集群联盟的组建，可以更有效地实现合作与分工的优势，从而降低生产成本，实现大型企业与中小型企业的双赢。

（2）有助于提高市场应变能力。我国体育用品市场的消费需求与日俱增，这表明该产业发展的前景比较光明，但随着经济的发展，如今的市场环境变得更加复杂，而且竞争也更加激烈，所以企业应提高自身的市场应变能力。大型与中小型体育用品企业产业集群联盟的组建，可以更有效地发挥各自的优势，形成企业间的优势互补，从而更加灵活和快速地应对瞬息万变的市场。

2. 大型与中小型体育用品企业产业集群联盟组建的模式

（1）分包制模式。分包制是通过企业之间围绕某种特定产品的生产而形成的以大型企业为核心、以其他众多中小型企业为外围的长期关系的一种模式。之所以称为分包制，是因为该模式采取的是层层分包的形式，即大型企业作为第一层级统领着第二层级的中型企业，而第二层级的中型企业统领着第三层级的小型企业。对大型企业来说，它们具有较强的研发实力，掌握着核心技术，所以自身生产的部分通常技术含量较高，然后将技术含量不高的部分承包给下层的中小型企业，从而形成一个囊括大中小型企业的生产组织体系。

（2）虚拟组织。虚拟组织是指企业与企业之间通过协议或合同加强彼此联系，但并未聚合成一个企业集团的一种模式。在虚拟组织中，通常也是大型企业统领着中小型企业，这一点与分包制模式相同，不同的是分包制强调的是一种长期的合作关系，其优点是相对比较稳定，而虚拟组织体现为集群性相对较低，其优点是更加灵活。虚拟组织的灵活性使该集群联盟具有较强的弹性，能够随时根据市场的情况调整企业间的组织结构，从而更好地应对市场变化。

（3）模块化组织。模块化组织有两种形式：一种是模块的分解，即依据网络组织联系的规律将某一个相对复杂的过程分解成为可以独立的、具有半自律性的模块的全过程；另一种是模块的集中或者整合，即依据网络组织联系的规律将可以独立的模块组合起来，形成某一个相对复杂的大系统的过程。在市场竞争中，模块化组织体现出很多优势。第一，竞争活力可以有效提高。在模块化组织内，模块之间具有较强的自主性，不同的模块可以充分发挥自身的优势，这可以激发各模块主体的竞争力。另外，模块化组织内部建立的知识资源和人力资源的分工体系，可以进一步促进模块化组织在当前知识经济的大环境下获得更大的竞争优势。第二，增强产业系统空间的扩展性。在模块化组织内，不同模块之间通过整合、重组和改进，可以有效调节当前体育用品市场消费需求个性化和企业生产规模化之间的矛盾，从而使产业竞合可以实现维系和发展。这一模式改变了传统产业分立的情况，使产业的技术边界、业务边界、运作边界和市场边界都有所扩展，极大地突破了原来的空间和时间的限制。

（三）推动中小型体育用品企业产业集群升级

1. 中小型体育用品企业产业集群升级的必要性

体育用品产业集群是指由体育用品企业作为核心，众多联系密切的其他相关企业以及其他机构在特定的地区和范围内聚集在一起形成的聚合群。产业集群不仅发生在大型企业与中小型企业间，还发生在中小型企业之间。自改革开放以来，我国很多产业都走上了集群的道路，包括体育用品产业，而且取得了不错的成果，因为产业集群具有诸多的优势，如可以促进产品生产的集约化，提高产品的品牌效应，从而提高产品的市场竞争力。但是，面对复杂多变的体育市场，中小型体育用品企业产业集群的发展呈现出后劲不足的情况，这阻碍了中小型体育用品企业产业集群的发展。因此，推动中小型体育用品企业产业集群升级就显得非常有必要。

2. 中小型体育用品企业产业集群升级的模式

中小型体育用品企业产业集群升级的方向主要有两个：一个是向外延伸，一个是内部优化，由此确定集群升级的两种模式：全球价值链模式和网络组织模式。

（1）全球价值链模式。全球价值链模式是指集群内的企业并不局限在国内，而是放眼全球，即通过全球的空间，在整个价值链上的各个企业包括从设计、开发、生产、制造、营销、出售、消费、售后服务一直到最后的回收循环利用。在全球价值链模式中，每一个环节都发挥着重要的作用，但其中通常也存在着核心价值环节，这一环节为产品附加了更多的价值。所以，就整个价值链来看，居于核心价值环节的企业处在价值链更高端的位置，它们掌握着更有价值的资源，如专利技术、产品设计、产品研发等，而价值链低端的位置大多数是以劳动密集型产业为基础的产业集群。就我国体育用品产业发展的现状来看，全球价值链模式无疑是一个升级的方向，也能够促进中小型体育用品企业的发展，但我国中小型体育用品企业大多处于价值链的低端，所以还需要不断在技术上创新，才能提高它们在价值链中的位置，从而在竞争中获得一定的话语权。

（2）网络组织模式。网络组织模式的含义是以个体或者群体作为网络的节点，通过它们之间复杂多样的连接形成线路，而在企业和市场之间进行制度安排的一种方式，所有的成员构成一种复合体而非单一的企业组织。在网络组织中，各个企业充当整个网络的节点，然后彼此相互作用，同时网络组织中还存在政府以及中介组织，它们也发挥着重要的作用。第一，网络组织中的各企业主体是网络的重要基础，通过各企业间的分工合作，可以降低企业市场成本，从而提高经济利益。第二，政府与中介组织为网络中的各企业提供服务保障。政府通过行政手段、法律手段以及经济手段协调各企业主体间的活动，同时规范企业的行为。中介组织则通过各自的专业化行为促进网络内的各企业主体有效合作，创造良好的集群内部和外部环境，从而促进市场的有效运营。该模式也存在不足之处，即对我国中小型体育用品企业产业集群而言，一个网络组织内的人力资源、生产材料、科技知识等相对有限，在创新环节上容易出现阻碍，从而使产业集群的升级受到阻碍。

第四节 体育用品产业品牌竞争力提升

一、体育用品产业品牌竞争力含义与特征

（一）体育用品产业品牌竞争力的含义

体育用品产业品牌竞争力的含义，目前并没有明确的界定，所以笔者认为可以从品牌竞争力和企业竞争力两个角度切入。

何为品牌竞争力？不同学者有不同的解释。张光祥认为，品牌竞争力是指企业通过对资源的有效配置和使用，使其品牌比竞争对手的品牌更好地满足消费者的需求，从而在扩大市场份额、获取高额利润方面与竞争品牌在市场竞争中产生的比较能力。励东认为，品牌竞争力表现为市场占有能力和超值创利能力，前者反映品牌的版图大小及拓展市场的能力；后者反映品牌的获利能力。综合众多学者对品牌竞争力的解释，笔者认为品牌竞争力就是市场主体拥有的品牌在市场竞争中区别于其他竞争对手，同时能够得到市场与消费者认可的一种能力。

那么什么是企业竞争力呢？笔者认为企业竞争力是一种综合性的能力，它不是由单一的要素构成的，而是由多个要素构成的，也分为内外两个层次（图5-4）。

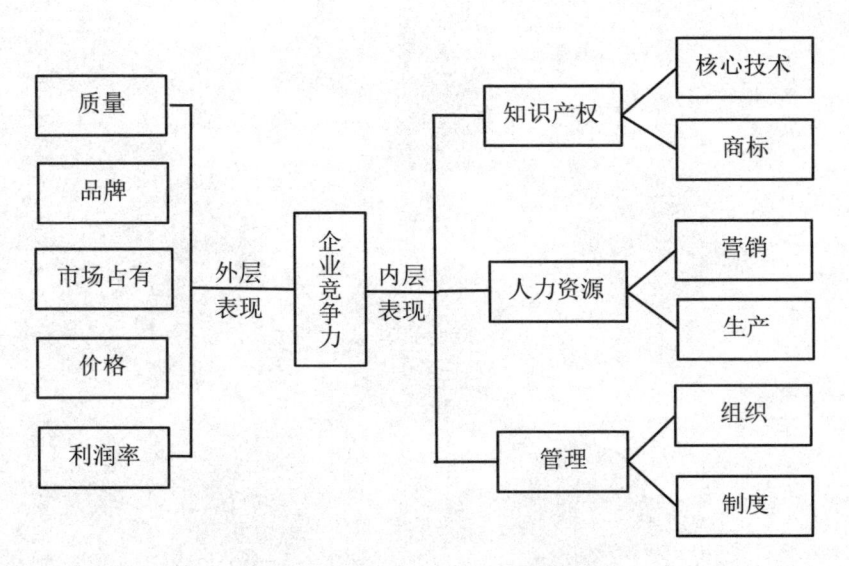

```
质量 ┐
品牌 │
市场占有 ├ 外层表现 ─ 企业竞争力 ─ 内层表现 ┬ 知识产权 ┬ 核心技术
价格 │                                    │          └ 商标
利润率┘                                   ├ 人力资源 ┬ 营销
                                           │          └ 生产
                                           └ 管理     ┬ 组织
                                                      └ 制度
```

图 5-4　企业竞争力结构图

由图 5-4 可知，品牌竞争力是企业竞争力的一种外在体现，即企业竞争力越强，其品牌竞争力也就越强，与此同时，品牌竞争力也会反作用于企业竞争力，随着品牌竞争力的增强，企业竞争力也会随之增强。

由上文对品牌竞争力、企业竞争力以及二者关系的阐述，我们可以对体育用品产业品牌竞争力的含义做如下概括：体育用品产业品牌竞争力是以体育用品企业的竞争力作为基础，以体育用品品牌竞争力作为成果，二者缺一不可，所以体育用品产业品牌竞争力的提升要同时从企业和产品二者着手。

（二）体育用品产业品牌竞争力的特征

体育用品产业品牌竞争力作为多种要素共同作用的过程与结果，其特征主要表现在如下几个方面（图 5-5）。

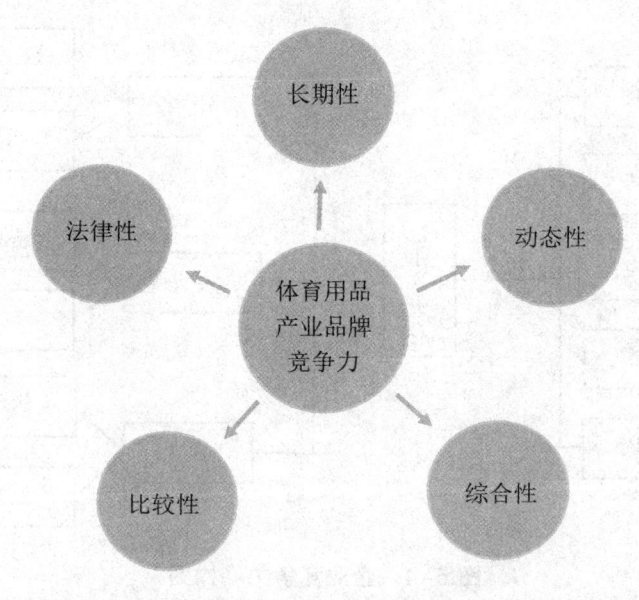

图 5-5　体育用品产业品牌竞争力的特征

1. 长期性

体育用品产业品牌竞争力的形成是一个长期的过程，它是企业长期经营的结果，是在企业文化中孕育的，是随着企业技术创新以及产品质量的提升而逐渐被市场和消费者认可的，进而形成一定的竞争力。如今，虽然企业借助网络进行多渠道的宣传，可以在短期内起到提升竞争力的作用，但如果产品本身不能被消费者和市场认可，在长期的大浪淘沙中，终究会被市场和消费者所淘汰。

2. 动态性

体育用品产业品牌竞争力的形成过程本身就是一个动态的过程，而且即便一个品牌形成了较强的竞争力，在后续的发展中也可能出现由强到弱的趋向。此外，随着经济环境或者市场环境的变化，竞争力也可能会随之变化。因此，就体育用品产业品牌竞争力而言，动态性是一个明显的特征。

3. 法律性

体育用品产业品牌竞争力的一个外在表现是品牌，而品牌大多具有知识产权，包括注册后的商标，都受到法律的保护。这种法律的保护性为体育用品产业品牌竞争力的发展提供了保障。

4. 比较性

体育用品产业品牌竞争力的强弱是在比较中体现出来的,即通过市场中体育用品品牌之间的比较凸显出某个品牌竞争力的强弱。这种比较包括诸多方面,如产品的质量、价格、功能,企业的技术创新能力、人才体系、管理能力等。总之,体育用品产业品牌竞争力只有在比较中才有实践价值。

5. 综合性

关于体育用品产业品牌竞争力的综合性,在前文对企业竞争力含义的阐述中,笔者指出了企业竞争力的综合性,与企业竞争力类似,体育用品产业品牌竞争力也是一种综合性的能力,无疑也具有综合性的特征。

二、体育用品产业品牌竞争力提升策略

虽然消费者体育用品消费的需求与日俱增,但如今消费者在体育用品消费上的要求也越来越高,尤其在品牌效应越来越明显的今天,如何提高产业品牌竞争力,获得更多消费者的认可,就显得非常重要。而且,就体育用品整个产业的发展而言,品牌竞争可以激发企业间发展的动力,从而使整个产业在良性的竞争中实现更进一步的发展。关于如何提升体育用品产业品牌竞争力,笔者认为可从政府和企业两个层面着手。

(一)政府层面

就政府层面而言,针对体育用品产业品牌竞争力的提升,其策略是"三个一",即实施"一个战略",明晰"一个定位",完善"一个体系"。

1. 实施"一个战略"

实施"一个战略"就是政府层面要实施品牌战略。关于品牌战略,国家在2016年便提出了"国家品牌计划",该计划包括公益和商业两个部分,商业部分包括"国家品牌计划TOP合作伙伴"和"国家品牌计划行业领跑者"两个项目,其目的在于推动中国制造向中国创造转变、中国速度向中国质量转变、中国产品向中国品牌转变,以推动消费升级、品牌升级、经济升级转型为己任。而具体到体育产业上,《关于加快发展体育产业促进体育消费的若干意见》中明确指出,要实施品牌战略,打造一批具有国际竞争力的知名企业和国际影响力的自主品牌,支持优势企业、优势品牌和优势项目"走出去"。由此可见政府对于品牌战略实施的重视。就体育用品产业而言,各地政府应在国家品牌计

划的指导下，结合市场以及消费者需求情况，出台更为具体的品牌战略，从而推动当地体育用品企业加强品牌建设。

2. 明晰"一个定位"

明晰"一个定位"是指明晰体育用品产业在我国经济发展中的地位，这不仅关系着体育用品产业品牌竞争力的提升，也关系着体育用品整个产业的发展。关于体育用品产业在我国经济发展中的地位，笔者认为可以从如下几个方面做出概括：

（1）体育用品产业是一个朝阳产业，因为社会大众体育用品消费的需求在不断增加，表明该产业发展的前景非常明朗。

（2）体育用品产业作为体育产业的重要组成部分，将推动体育产业成为国家经济发展的一个重要支柱。

（3）体育用品产业能够为我国全民健身战略的实施提供必要的物质保障，尤其在消费者对体育用品要求不断提高的今天，体育用品产业只有不断提高品牌竞争力，才能更好地满足消费者需求。

3. 完善"一个体系"

完善"一个体系"就是要加强体育用品产业品牌竞争力提升的监管体系。在体育用品产业发展的过程中，政府不仅发挥着服务、扶持和指导的作用，也发挥着规范的作用。在包括体育用品产业在内的诸多产业中，提高产品竞争力已经成为产业发展共识，而随着网络的发展，提高产品竞争力的途径变得越来越多，如请明星代言、请知名主播带货等。这些方式可以快速提升品牌的知名度，从而在一定程度上提升产品的竞争力，但如果这些体育用品没有质量做保障，仅仅是靠着"流量"提高竞争力，就容易导致"劣币驱逐良币"现象的出现，并不利于整个产业的发展。因此，针对体育用品产业提升品牌竞争力的途径，政府要加强监管，维护市场的健康发展。

（二）企业层面

就企业层面而言，针对体育用品产业品牌竞争力的提升，其策略可以归纳为"一注册""二打造"和"三化"，具体内容如下。

1."一注册"

"一注册"指的是行政注册，这是产品品牌得到法律保障的重要前提。就体育用品产业而言，企业应重视商标的行政注册，因为这是品牌培育的第一步，也是体育产品走向市场的通行证。在商标注册之初，商标（产品品牌）的市场接纳度通常比较低，但随着产品品牌逐渐被市场和消费者认可，商标也便从一个法律意义上的符号变成了市场竞争力的体现。在注册商标时，无论是采用文字商标，还是采用图形商标，抑或是采用文字和图形相结合的商标，注册主体应尽可能保证商标的显著性，即容易识别，这样不仅更容易通过注册的审批流程，也是该品牌识别度的保证。

2. "二打造"

（1）打造知识产权优势。知识产权作为体育用品产业中的战略性资源，在很大程度上影响着体育产品品牌竞争力，所以打造知识产权优势就显得非常重要。至于如何打造知识产权优势。第一，打造人才体系。就任何产业而言，人才是发展的基础，没有人才，企业的发展便缺少了根基，知识产权打造更无从谈起，所以企业首先要重视人才体系的建设。关于人才体系建设，一个途径是引进更加优秀的人才，另一个途径则是加强企业内部人才的培育。第二，尽快占领知识产权高地。对于体育用品产业来说，虽然面向社会大众的体育用品很多，并没有非常高的科学技术含量（与电子产品相比），但如果企业在某些方面能够领先于其他企业占领知识产权高地，生产出具有竞争优势和特色的产品，这无疑会增加其产品品牌的竞争力。

（2）打造体育文化和体育精神。体育文化和体育精神是体育产品的品牌定位，这是体育产品品牌区别于其他产品的重要属性，同时是消费者群体划分的一个重要依据。在今天，体育运动的种类日渐丰富，消费者对体育用品消费的需求也呈现多元化的特征，所以体育用品企业应打造属于自身的体育文化和体育精神，而不是只停留在产品本身，这样才能为其品牌注入更多的内涵，从而进一步提升品牌的竞争力。例如，我国著名运动品牌安踏在官网上便有"品牌文化"一栏（图5-6），这一栏中展示了安踏的体育文化和体育精神——将超越自我的体育精神融入每个人的生活。

图 5-6　安踏官网中的"品牌文化"

3."三化"

（1）专业化。专业化是对体育用品产业品牌化建设最基本的要求，因为产品是品牌建设的基础，如果产品不能满足专业标准，那么品牌建设也便成了空中楼阁。关于体育用品的标准，我国有全国体育用品标准化技术委员会（下称标委会），由国家标准化管理委员会筹建及进行业务指导，其职责是体育用品的基础、管理、产品、通用类国家标准制修订工作，同时负责全国体育用品标准化工作的组织、协调，以及对其下属分技术委员会的管理工作。标委会制定的标准是企业专业化发展路上的一个指南针，企业应严格按照标准执行，同时不断严格要求自己，制造出更加专业化的产品，从而为产品品牌竞争力的提升奠定坚实的基础。

（2）互联网化。此处所说的互联网化是指体育产品品牌竞争力的提升要充分利用互联网。在今天，网络已经渗透到人们的生活中，作为可以有效提升体育用品品牌竞争力的一个有效途径，企业应充分利用互联网的优势。例如，在媒体宣传上，如今有很多可以进行产品宣传的平台，如短视频平台、微信平台、微博平台等，而且企业可以在这些平台上注册企业账号。在利用这些账号进行产品宣传的同时，企业还可以借助这些账号和消费者互动，这种互动不仅有助于加深消费者的品牌信任，还有助于企业针对产品进行完善，这对于企业产品品牌竞争力的提升具有非常积极的意义。同样以安踏为例，安踏开设了微信公众号（图5-7），公众号不仅通过文字和视频的形式向公众传递企业的相关消息，还通过该平台提供购物服务，并且在相关文字或视频内容下，运营者还可以与消费者进行互动，可谓一平台多用。

图5-7 安踏开设的微信公众号

（3）国际化。在经济全球化不断深化的今天，体育用品产业的全球化已经成为必然的趋势。比如，国际上一些大的体育品牌在很多国家都有一定的市场，这不仅能促进企业的发展，也能够扩大其品牌的影响力。就我国体育用品企业而言，它们同样要具备国际化的视野，要有与国际大品牌一争高下的胆略。当然，就我国体育用品产业发展的现状来看，我国体育与国际品牌仍存在一定的差距，而且国际化之路也不能一蹴而就，这必然是一个长期的、痛苦的、剧烈的发展过程。

第六章 体育消费与体育旅游产业发展

第一节 体育旅游及其产业阐述

一、体育旅游

（一）体育旅游的定义

关于体育旅游的定义，笔者在查阅资料的过程中发现，不同学者从不同的角度着手，所下的定义也存在差别。

廉恩勇等人认为，体育旅游是体育与旅游相互融合交叉的部分，它体现了体育的社会性与旅游的社会性。体育旅游属于社会体育的一个产业分支，也是旅游的重要组成部分，是特种旅游的一种，是人类社会生活中的一种新兴旅游活动，其概念有广义和狭义之分。从广义上讲，体育旅游是指旅游者在旅游中所从事的各种娱乐身心、锻炼身体、竞技竞赛、刺激冒险、康复保健、体育观赏及体育文化交流活动等与旅游地、旅游企业、体育企业及社会之间关系的总和；从狭义上讲，体育旅游则是为了满足和适应旅游者的各种专项体育需求，以体育资源和一定的体育设施为条件，以旅游商品的形式，以丰富社会文化生活为目的，为旅游者在旅游过程中提供融健身、娱乐、休闲、交际等于一体的服务，使旅游者的身心得到和谐发展，从而促进社会物质文明和精神文明发展的一项社会活动。

邓文冲认为，体育旅游是指旅游者在旅游中所从事的各种身心娱乐、身体锻炼、体育竞赛、体育康复及体育文化交流活动等与旅游地、体育旅游企业及社会之间关系的总和。

万怀玉等人认为，体育旅游是指旅游者以参加或观赏各类健身娱乐、体育竞技、体育交流等为主要目的的旅游，如森林旅游、登山、攀岩、探险、参加体育比赛以及一些传统的民族体育项目等。

综合分析上述学者关于体育旅游的含义,虽然其阐述存在一些差别,但也存在一些共同点,这些共同点解释了体育旅游的内涵,对于我们理解体育旅游非常有帮助。

(1)人们参与体育旅游的动机是不同的,有些人是为了健身,有些人是为了娱乐,有些人是为了休闲,这表明了社会大众在体育旅游消费上的多样性。

(2)体育旅游是社会发展到一定阶段的产物,它与社会发展物质生活的极大丰富有着紧密的联系,是社会大众生活水平提高的一种体现,属于一种发展型的消费。

(3)体育旅游是旅游与体育的结合体,兼具旅游与体育的特征,综合性很强。

结合上文对体育旅游的阐述,笔者认为可以这样归纳体育旅游的定义:体育旅游是指人们以观赏或参与体育类活动为主要目的的旅游活动,这是社会发展到一定阶段的产物,是一种融合了旅游与体育的休闲生活方式。

(二)体育旅游的特征

体育旅游作为融合了体育与旅游的一种活动形式,其特征主要体现在如下几个方面。

1. 技能性

体育旅游的种类很多,一些观赏性的体育旅游以及一些旅行社的组团旅游,通常对旅游者的技能没有特殊要求,但有些体育旅游项目要求参与者具有一定的身体素质并掌握一定的技能,如攀岩、探险、登山等体育旅游项目。

2. 风险性

上文提到的对参与者身体素质和技能有一定要求的体育旅游项目通常也存在一些风险,并且这些风险具有突发性、客观性、不可控制性等特点。对于参与者来说,他们要对这些体育旅游项目所存在的风险有一定的认知,同时在参与之前做好充足的准备,从而最大限度地降低风险发生的概率或降低其带来的损害。其实,某些体育旅游项目所存在的风险性,正是其吸引游客的一个重要特征。

3. 消费性

体育旅游是旅游与体育的结合体,作为一种旅游形式,自然带有消费性的特征。而且有些体育旅游项目对设备的要求较高,需要消费者购置专用的服装和设备,这些项目的消费特征更加明显。

4. 体验性

如今,社会大众在旅游消费上的需求逐渐从观赏性向体验性转变,而体育旅游作为一种融合了体育与旅游的休闲方式,其所具有的体育属性决定了消费者很多时候需要参与其中,才能更加真切地体会到体育旅游的魅力。这种体验性也是体育旅游比较突出的特征之一。

5. 地域性

一些体育旅游项目对自然资源的依赖性较强,这就使体育旅游带有了一定的地域性特征。比如,登山运动相关的体育旅游项目只能在有山的地区开展,海上运动相关的体育旅游项目只能在沿海地区开展。

（三）体育旅游的类型

随着社会大众对体育旅游消费需求的增长,体育旅游的项目也在不断丰富。综合来看,体育旅游的项目可以归结为观光型体育旅游、休闲型体育旅游、健身娱乐型体育旅游、拓展型体育旅游和极限型体育旅游五种（图6-1）。

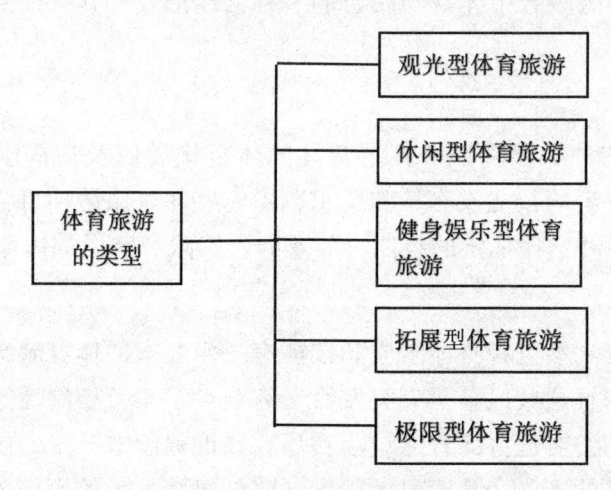

图6-1 体育旅游的类型

1. 观光型体育旅游

观光型体育旅游通常指人们离开常住地,到一些体育艺术景点、具有体育特色文化的地方进行欣赏体验的过程,其目的在于从中获得愉悦的感受。比如，我国不少地区有很多民族性的体育项目，这些项目对于其他地区的人来说具有很强的吸引力，能够带来极强的观赏体验。

2. 休闲型体育旅游

休闲型体育旅游是指以休闲为目的的一种体育旅游形式。随着社会节奏的不断加快，人们的精神压力越来越大，所以休闲消费的需求越来越大。而休闲型体育旅游在调整身心、消除心理疲劳、排解压力等方面起到了非常积极的作用，所以越来越受到消费者的喜爱。

3. 健身娱乐型体育旅游

健身娱乐型体育旅游是指以健身娱乐为目的的一种体育旅游形式。与休闲型旅游不同，健身娱乐型体育旅游除了能够满足人们娱乐的需求外，还可以满足人们健身的需求。有些参与健身娱乐型体育旅游的人还有疗养、康复的需求，这也是该类型体育旅游的功能之一。

4. 拓展型体育旅游

与上述三种体育旅游形式不同，拓展型体育旅游增加了拓展训练的内容，其目的在于磨炼参与者的意志，陶冶参与者的情操，并且满足一些消费者寻求挑战的心理。如今，拓展训练受到越来越多消费者的青睐，而融入了体育旅游的拓展训练，由于同时兼具放松身心、陶冶情操的功能，所以也受到越来越多人的喜爱。

5. 极限型体育旅游

极限型体育旅游通常指包含一些极限运动的体育旅游形式，如攀岩、冲浪、自行车越野等。相较于其他体育运动项目而言，极限运动的难度通常非常大，而且对参与者的身体素质和技能都有一定的要求，所以没有经过特殊训练的人不宜进行此类活动。当然，由于极限型体育旅游能够极大地满足人们追求刺激、挑战自我的需求，所以其市场也在逐渐扩大。

二、体育旅游产业

（一）体育旅游产业的含义

在对体育旅游进行详细的阐述后，我们继续对体育旅游产业做进一步的解读。什么是体育旅游产业？笔者通过查阅资料发现，目前学界对体育旅游产业的界定并不统一，而导致该现象的一个重要原因是不同学者切入的角度不同。

联合国在《国际产业划分标准》中指出，旅游产业是由那些与旅游者直接发生联系并为之服务，且来源于旅游者的收入在总收入中占相对显著比例的行业组成；旅游产业的构成应该包括旅行社业、以宾馆为代表的住宿业、交通运输业、餐饮业、游览娱乐业、旅游用品和纪念品销售业、各级旅游管理机构及行业组织。

鲍明晓认为，体育产业是生产和经营体育商品的企业集合体。同时，他根据体育产业链上下游关系把体育产业分为上游、中游和下游三类产业。其中上游产业包括健身娱乐业和竞赛表演业；中游产业包括体育器材、体育保健康复、体育服装、体育场馆运营等，它们直接为健身娱乐业和竞赛表演业服务；下游产业是间接为上游和中游产业服务的相关产业，包括体育旅游、体育建筑、体育房地产等。

张小林则从广义的角度对体育旅游产业进行了界定，他认为，体育旅游产业是指为了满足人们休闲度假、观光探险、健康娱乐的需要，提供以观赏性或参与性体育项目为主要服务内容的专业性旅游经济活动和部门的总和。

综合学界对体育旅游产业的定义，笔者认为，体育旅游产业是产业融合的产物，它是体育产业与旅游产业发展到一定阶段相互渗透影响后形成的产业，它不仅与体育产业中的一些内容（如体育表演、体育用品制造）相关，还与旅游产业中的六要素（食、住、行、游、购、娱）相关。与此同时，结合产业结构理论，笔者认为可以将体育旅游产业分为三个层次（图 6-2）。

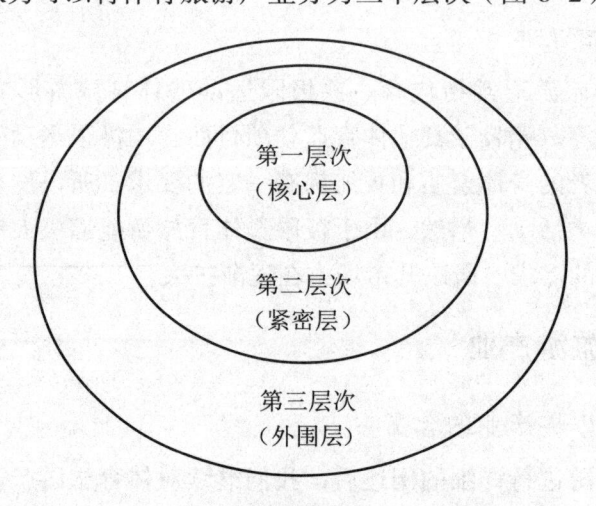

图 6-2 体育旅游产业的层次图

第一层次是以体育旅行社为主的体育旅游企业组成的体育旅游核心产业，其职能是提供体育旅游产品和服务，这是体育旅游产业的核心层。

第二层次是为体育旅游活动提供必要支持和服务的行业，如与体育产业相关的体育表演业、体育用品制造业，与旅游产业相关的餐饮业、住宿业等，这是体育旅游产业的紧密层。

第三层次通常指一些为社会提供公共服务的产业，如通信业、公共设施服务业、租赁业等，这些产业涵盖的范畴非常广泛，并不仅限于体育旅游产业，所以属于外围层。

体育旅游产业三个层次的划分有助于我们更加深入地理解旅游产业，而上述三个层次紧密联系，共同构成了体育旅游产业，并为旅游者在整个旅游过程中提供支持与服务。

（二）体育旅游产业的特点

体育旅游产业作为体育产业和旅游产业相互渗透交融的一个新兴产业，表现出如下三个特点。

1. 产业边界的模糊性

体育旅游产业既是体育产业的组成部分，也是旅游产业的组成部分，它同时包含体育与旅游的要素成分，所以与体育和旅游相关的产业都可以纳入体育旅游产业的范畴。但由于旅游产业的边界比较模糊，如前文提到的第三层次中的通信业、公共设施服务业等主要是由旅游产业的属性界定的，而第三层次产业的范畴很广，这就同时赋予了体育旅游产业边界模糊性的特点。

2. 产业的综合性

体育旅游产业作为体育产业和旅游产业融合的产物，本身就体现出很强的综合性。此外，体育旅游消费者的特点也呈现出综合性的特点。在参与体育旅游的过程中，消费者的需求是多样的，除了与体育活动相关的需求外，还有食、住、行、游等多方面的需求，而为了满足消费者的多重需求，就需要不同企业为消费者提供服务。这些企业就其产业类型而言，属于不同的产业，但体育旅游产业将这些产业联系到了一起，使它们成为一个集合体。

3. 产业的服务性

旅游产业属于第三产业——服务业，而体育旅游产业作为旅游产业的一个分支，其产业同样具有服务的性质。不可否认，体育旅游产业中包含有形的产品因素，但综合来看，体育旅游消费者对体育旅游的需求更多的仍旧是精神上的享受与满足，所以体育旅游产业仍旧没有脱离第三产业（服务业）的范畴，自然也具有服务性的特点。

第二节 体育旅游消费市场分析

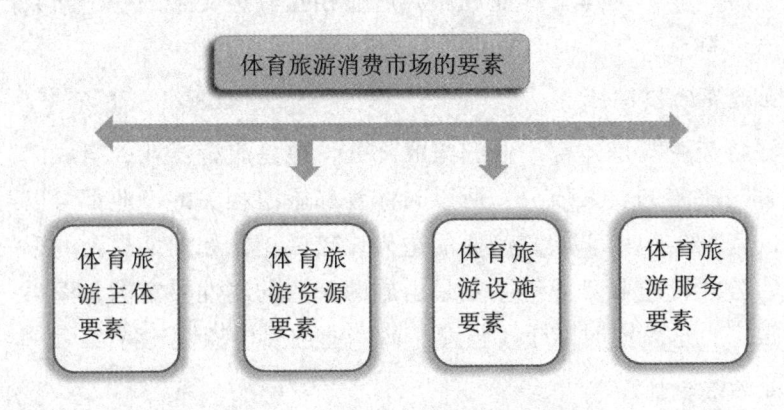

一、体育旅游消费市场的要素分析

任何市场都有相应的构成要素，体育旅游消费市场也是如此。体育旅游消费市场的要素包括主客观条件，也包括必要的载体，具体而言，包括体育旅游主体要素、体育旅游资源要素、体育旅游设施要素和体育旅游服务要素（图6-3）。

图 6-3 体育旅游消费市场的要素

（一）体育旅游主体要素

体育旅游主体要素包括旅游者和旅游服务提供者。旅游者是体育旅游消费市场中的核心要素，因为正是旅游者存在体育旅游的消费需求，体育旅游市场才能逐渐庞大。当然，随着体育旅游市场的不断完善，其对一些潜在体育旅游消费者的吸引力也在逐渐增大，进而逐渐将这些潜在的体育旅游消费者转化为具有实际消费行为的体育旅游消费者。而对于体育旅游中的服务提供者来说，他们主要是针对旅游者的需求提供必要的服务，这些服务会直接影响着旅游者体育旅游的感受，所以他们所提供的服务必须要围绕旅游者设计，从而最大限度地满足旅游者体育旅游的需求，并给旅游者带去极致的体育旅游享受。

（二）体育旅游资源要素

体育旅游资源是体育旅游产业发展的一个基础性条件，没有体育旅游资源的支撑，体育旅游市场对旅游者的吸引力将大大降低，体育旅游产业的发展也将会受到阻碍。我国体育旅游消费市场的资源要素主要有自然资源、文化资源和人工资源三类。

1. 自然资源

体育旅游中的自然资源是指天然形成的，或者只经过人工稍加修整的自然景区，如山川、海洋、森林等。在体育旅游的资源要素中，自然资源占有非常重要的位置，因为很多体育旅游活动都是依靠自然资源展开的，而且很多人也都对自然资源充满了向往。当然，各地在利用自然资源发展体育旅游产业的同时，要注意对自然资源的保护，体现人与自然和谐发展的理念。

2. 文化资源

体育旅游资源中的文化要素主要指我国的民族体育文化资源。民族体育内容丰富、形式多样，具有明显的民族性、地域性、传统性的特征，这些特征对于其他地区的人来说具有非常大的吸引力，所以以民族体育文化为主要资源的体育旅游市场也非常受旅游者的青睐。

3. 人工资源

人工资源主要指人工开发的体育旅游项目或体育旅游景点。随着社会大众对体育旅游消费需求的增加，很多地区开发了一些体育旅游项目或体育旅游景点，这些景点不仅满足了当地体育旅游爱好者的需求，也促进了当地经济的发展。

（三）体育旅游设施要素

体育旅游的设施要素指开展体育旅游项目所需要的各种设施，包括核心设施和基础性设施。核心设施是体育旅游中必不可少的设施要素。比如，登山旅游必须有登山服、专用食品、宿营帐篷，如果攀登的山海拔很高，还需要准备氧气罐。基础性设施包括旅游交通设施、旅游环卫设施、旅游安全设施、通信设施等（表6-1）。虽然体育旅游是以体育项目为核心的，但同样具有旅游的属性，所以与旅游相关的基础性设施不可或缺，否则也会影响旅游者的旅游体验。

表6-1 体育旅游的基础性设施

基础设施	基础设施二级分类	具体内容
旅游交通设施	旅游区道路	自驾道、步行道、休闲道
	交通节点	停车场、服务区
旅游环卫设施	卫生设施	公共卫生间、垃圾箱
	服务处理设施	排水、排气、垃圾处理
旅游安全设施	急救中心	医疗急救站、急救中心
	安全消防	消防设施
通信设施	—	网络通信、手机通信

（四）体育旅游服务要素

在上文笔者指出，体育旅游产业属于服务业的范畴，所以服务要素也是其中必不可少的要素。体育旅游消费市场中服务要素的作用主要是为了增强游客的旅游体验，满足游客的需求。具体而言，体育旅游的服务要素主要包括四个方面：旅游交通服务、旅游公共服务中心、公共信息服务平台、安全保障服务，具体内容见表6-2。

表6-2 体育旅游服务要素

服务要素	主要内容
旅游交通服务	道路标识 旅游驿站 观光巴士、旅游专线 配套服务设施（维修站、加油站等）
旅游公共服务中心	区域旅游服务中心 微型旅游服务中心 服务站 服务点

续 表

服务要素	主要内容
公共信息服务平台	旅游网站 旅游电子商务平台 智慧旅游业态（如智慧景区、智慧乡村等）
安全保障服务	旅游安全制度 旅游安全预测系统 紧急救援体系 旅游安全控制系统 旅游安全保险

二、体育旅游消费市场的需求分析

（一）体育旅游需求快速增长

随着我国经济的快速发展，人们开始注重生活质量的提高，而体育旅游作为体育和旅游的结合体，既能够满足人们参与体育运动的需求，也能够满足人们旅游的需求，所以体育旅游的需求呈现快速增长的态势。2021年7月14日，中国旅游研究院和马蜂窝旅游联合发布了《中国体育旅游消费大数据报告（2021）》（以下简称《报告》），《报告》指出，体育旅游市场正在逐步扩大，2021年上半年"体育旅游"搜索热度较上年同期增长115%，华南和华东区域体育旅游热度增长较高，分别为36%和25%，在华南地区中，海南省和广东省体育消费热情较高。

面对社会大众快速增长的体育旅游需求，同时为了丰富假日体育旅游产品，自2017年"十一"黄金周开始，国家体育总局联合旅游主管部门，开展了黄金周体育旅游精品线路推荐工作。例如，2021年，《国家体育总局、文化和旅游部关于发布"2021年国庆假期体育旅游精品线路"的公告》（以下简称《公告》）中确定了19条体育旅游精品线路，它们分别是，

（1）北京：延庆百里山水画廊骑行线路；

（2）天津：静海环团泊湖体育休闲旅游线路；

（3）辽宁：大连魅力山海体育旅游线路；

（4）黑龙江：伊春自驾游线路；

（5）上海：奉贤海湾旅游区"十一风筝游"线路；
（6）江苏：徐州茱萸山体育旅游线路；
（7）浙江：宁波象山美丽海岸体育旅游线路；
（8）安徽：安庆皖西南风景线自驾运动游线路；
（9）山东：烟台海阳山海体育旅游线路；
（10）河南：新乡南太行户外徒步线路；
（11）湖北：荆门航空运动旅游线路；
（12）广东：肇庆封开贺江户外运动环线之旅；
（13）海南：三亚西部天涯滨海运动休闲线路；
（14）重庆：南川金佛山大环线体育旅游线路；
（15）四川：成都"三遗之城"都江堰市体育旅游线路；
（16）贵州：黔西南垂钓体育旅游线路；
（17）云南：昆明十峰登山体育旅游线路；
（18）陕西：西安阎良极限运动体验之旅；
（19）新疆：伊犁新源那拉提体育旅游线路。

上述 19 条线路分布在不同的地区，旅游者可以就近选择其中的一条线路，如果想体验不同的体育旅游场景，上述线路也各有特色，旅游者可以结合自己的喜好进行选择。

（二）体育旅游产品消费需求主体呈年轻化特征

旅游者是体育旅游产业的核心，研究旅游者的年龄层次对于体育旅游产业的发展具有非常重要的价值。由《公告》可知，目前我国体育旅游参与者呈现年轻化的特征，其中，"80后"和"90后"占比超过七成，"90后"比重最高，约占 40%，已成为体育旅游消费的主力军。对于"80后"和"90后"来说，身体素质相对较好，且已经具有了一定的经济基础（"95后"虽然相对来说经济基础较薄弱，但很多也实现了经济独立），所以对体育旅游表现了比较强烈的参与意愿。

（三）参与型体育旅游的需求占比更高

体育旅游大致可分为参与型体育旅游和观赏型体育旅游两类。由《公告》可知，目前人们更倾向于参与型体育旅游，其市场占比为 62.8%，而观赏型体育旅游占比为 37.2%。在参与型体育旅游项目中，排名前五位的分别是爬山、马拉松、骑行、冰雪运动和龙舟，说明这些体育旅游项目有着比较广泛的群众基础；在观赏型体育旅游项目中，排名前五位的分别是锦标赛、奥运会、世界杯、世界大学生运动会、亚运会，这些体育赛事的知名度较高，所以对社会大众的吸引力也相对较高。

（四）消费者更青睐周边短途游

《公告》指出，2019 年时，大约 60% 的用户选择体育旅游的出行天数为 2～8 天，而 2021 年时，大约 70% 的用户选择体育旅游的出行天数是 3 天以内。这说明周边短途游是目前体育旅游的主流。短途游、周末游更受人们青睐的原因是复杂的，但其中一个重要的原因是体育旅游已经逐渐成为人们的一种生活方式，所以短途、短时间、高频次便成了体育旅游的主流。但无论原因是什么，面对体育旅游需求出现的这种变化，体育旅游产业需要更快地应对和适应，才能在满足消费者需求的基础上实现产业的快速发展。

第三节　体育旅游资源的开发

一、体育旅游资源的定义与特点

（一）体育旅游资源的定义

旅游资源涵盖的内容十分丰富，体育旅游资源只是旅游资源中的一部分，所以要界定体育旅游资源的定义，首先需要明晰旅游资源的定义。所谓旅游资源，是指对旅游者具有一定吸引力的自然景物、社会人文或其他客观事物。由此可见，旅游资源的一个特点就是要对旅游者具有一定的吸引力。体育旅游资源在旅游资源的范畴内限定了体育二字，但仅仅具有体育性质的资源并不能全部称之为体育旅游资源，还需要对旅游者产生一定的吸引力，所以笔者认为可以这样界定体育旅游资源的定义：指存在于自然界或人类社会中能够对体育旅游者产生吸引力，并能够激发他们参与体育旅游消费，进而产生经济、生态、社会等诸多效益的事物。

（二）体育旅游资源的特点

1. 多样性

体育旅游资源的种类非常丰富，从大类上看分为自然资源、文化资源和人工资源三类，每一大类下又有诸多的小类。以自然资源为例，可分为水体类（如海洋、瀑布、江河）、地表类（如峡谷、山峰、戈壁）、生物类（如林地、草原）、大气类（如降落伞、热气球）。

2. 变化性

站在时间轴上看体育旅游资源，我们能够明显感受到其所具有的变化性的特点。比如，站在一天的时间轴上，白天和夜晚，早晨和中午，中午和傍晚，不同的时间段，同一地区的体育旅游资源可能呈现出不同的景观。再如，站在一年的时间轴上，春、夏、秋、冬四个季节，同一地区的体育旅游资源也可能呈现出不同的景观。当然，很多旅游资源都呈现出这一特点，而且正是这种变化性，赋予了体育旅游资源更多的魅力。

3. 地域性

我国幅员辽阔，不同地区在地理环境上存在着一定的差异，再加之不同地区的文化也存在一些差异，这就赋予了体育旅游资源鲜明的地域性。就体育旅游资源来说，地域性是其最突出的一个特征，但也正是因为这种地域性进一步造就了体育旅游资源的多样性，并深深地吸引着广大的体育旅游爱好者。

4. 重复性

体育旅游资源在具有多样性的基础上也存在重复性的特点，即不同地区之间，甚至同一地区之间存在相同的体育旅游资源。例如，同一地区可能同时存在几座可以攀爬的山峰，那么为了降低这种重复性，各地在开发这些体育旅游资源时，需要深入挖掘其特色，并将这种特色放大，从而避免由于体育旅游资源的重复而降低旅游者的体验感。

二、体育旅游资源开发的原则

体育旅游资源是吸引旅游者的一个要素，面对社会大众与日俱增的体育旅游消费需求，各地应重视体育旅游资源的开发，从而用高质量的体育旅游资源为游客带去良好的体育旅游体验。为了确保体育旅游资源的高质量，各地在开发时有如下几点原则必须遵守。

（一）保护性原则

体育旅游资源的开发可以为体育旅游产业发展提供必要的资料，但因为一些体育旅游资源是不可再生的，尤其是一些自然资源，一旦被破坏，便不可能再生。面对这些不可再生的资源时，我们应秉承保护性的原则。资源开发是目的，也是体育旅游产业发展的一个重要途径，但必须要以保护为前提，尤其在面对不可再生的体育旅游资源时，要始终坚持保护性的原则，这样才符合可持续发展的要求。

（二）效益综合性原则

体育旅游产业具有经济、社会、生态等综合性的效应，这是很多产业所不具备的特点。就体育旅游产业来看，作为一种产业，经济属性是其根本的属性，备受人们关注，但经济仅仅只是一个方面，如果只追求经济效益，只从经济的投入、产出去评估体育旅游资源的开发，这种做法无疑是短视的。此外，就体育旅游产业来说，因为具有旅游的内涵，所以其经济效益本身也受文化、社会、生态等多种因素的影响，当文化、社会、生态等因素产生正向的效益时，自然也会刺激经济效益的提高。因此，在开发体育旅游资源时，我们不能仅仅关注经济效益，而是要秉承效益综合性的原则。

（三）特色性原则

体育旅游资源的特色性是其吸引旅游者的一个重要原因，尤其在旅游者愈加重视个性化消费的今天，体育旅游资源的特色性就显得更加重要。在开发体育旅游资源时，各地要保持体育旅游资源的特色性，展现该资源的特点，让游客产生不同的体验感。对于特色较少的体育旅游资源，我们在开发时可以在遵守保护性原则的基础上对资源进行适当的加工改造，当然，这种改造一定要科学、合理，这样才能起到锦上添花的效果。

三、体育旅游资源开发的流程

体育旅游资源的开发大致可分为三个阶段：调查研究阶段、统筹规划阶段和推进实施阶段，其基本流程如图 6-4 所示。

```
    ┌──────────┐
    │ 调查研究 │
    └────┬─────┘
         ▼
    ┌──────────┐
    │ 统筹规划 │
    └────┬─────┘
         ▼
    ┌──────────┐
    │ 推进实施 │
    └──────────┘
```

图 6-4　体育旅游资源开发的基本流程

（一）调查研究

体育旅游资源是体育旅游产业发展的一个重要基础，在开发之前，需要做好全面且详细的调查研究，确定是否可以开发，同时为后续的统筹规划提供充足的资料支撑。在调查前期，开发单位可联合多个部门共同开展调研工作，收集相关的信息资料，并从中挖掘有价值的信息。待调研工作结束后，对体育旅游资源以及体育旅游项目进行分析、论证，确定体育旅游资源开发的可行性以及体育旅游项目成立的可行性。

（二）统筹规划

体育旅游资源的开发是一项需要做长远规划的工程，需要对体育旅游资源的方方面面做综合性的考量，这就需要在开发前对体育旅游资源进行全面的统筹与规划。具体来说，体育旅游资源开发前期的统筹规划主要包括旅游规划设计地区的基本内容、旅游规划设计所需的技术资料和图文资料、旅游规划设计专家系统、旅游规划设计工作的主要内容、时间的安排、经费预算等。

（三）推进实施

在对体育旅游资源开发进行统筹规划之后，开发单位便可以按照规划进行具体的落实，并逐步推进。在具体落实和推进的过程中，主要从如下几个方面着手。

1. 旅游项目建设

建设体育旅游项目是体育旅游资源开发的一个目标，而且体育旅游项目也是吸引旅游者的一个重要因素。在建设体育旅游项目时要确保具有一定的特色，尤其对于一些具有地域特色的体育旅游项目，要凸显地域性的优势，打造不同类型的体育旅游产品，从而尽可能避免同质化现象的出现。

2. 基础设施建设

在本章第二节中笔者提到了基础设施的重要性，因为体育旅游是一项复杂的社会活动，仅仅有旅游项目并不能对游客形成完全的吸引力，还需要较为完善的基础设施支撑。因此，在开发体育旅游资源时，开发单位还需要加强基础设施的建设，以便为游客提供良好的旅游服务。

3. 科学的管理

科学的管理是确保体育旅游资源开发规划精确落实的关键。在体育旅游资源开发的过程中，有时会出现具体落实与规划不匹配的情况，进而导致体育旅游资源开发以及后续体育旅游产业的发展没能达到预期的效果。因此，为了避免具体实施过程中出现越位操作、过度开发的情况，开发单位必须进行科学的管理，以确保开发人员严格按照规划落实。

四、体育旅游资源开发的模式

由于不同地区的体育旅游资源存在差异，所以体育旅游资源开发的模式也存在差异。目前，常见的开发模式主要有三种，如图6-5所示。

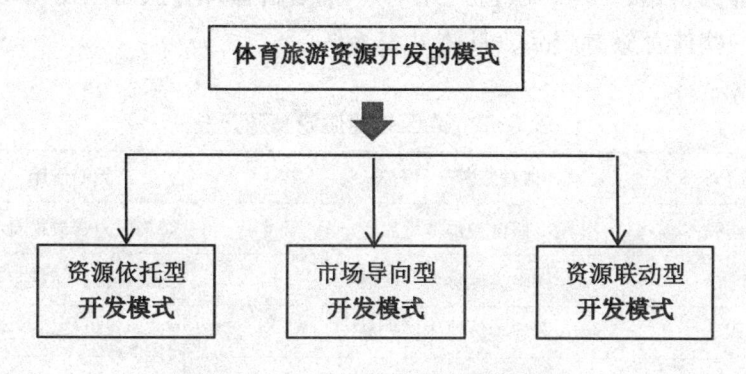

图6-5 体育旅游资源开发的模式

（一）资源依托型开发模式

资源依托型开发模式是指以自然资源和人文资源为依托的一种开发模式，而依据所依托资源的不同，该模式又可细分为自然资源依托型和人文资源依托型。

1. 自然资源依托型

很多体育旅游爱好者对自然资源非常喜爱，如山峰、森林、海洋、峡谷等，依托这些资源可以开发非常多的体育旅游项目，如攀岩、登山、漂流、冲浪等。例如，对于山地资源较多的地区，可以依托山地开发登山、攀岩等体育旅游项目，但为了避免项目的重复，各地在开发时应深入挖掘山地的特点，这样才能给旅游者带去多元化的旅游体验。

2. 人文资源依托型

相较于自然资源来说，人文资源虽然缺少了自然的灵动、磅礴，但其蕴含的文化底蕴对旅游者来说同样具有非常强的吸引力。因此，具有民族体育等人文资源的地区，可以依托这些资源开发凸显其当地特色的体育旅游项目。

（二）市场导向型开发模式

市场导向型开发模式是以消费者需求为导向的一种资源开发模式。笔者在前文曾多次提到，消费需求是产业发展的一个重要基础，所以研究消费者的需求，并针对性地开发体育旅游资源，能够更有针对性地满足消费者的需求。一些自然体育旅游资源和人文体育旅游资源比较匮乏的地区，可以采取此种方式，即结合市场需求，开发人工资源。虽然不同地区体育旅游的需求不同，但以消费群体为依据，可以大致总结出不同消费群体体育旅游上的需求，并针对性地开发一些体育旅游产品，具体见表6-3。

表6-3 人工体育旅游资源开发

目标市场（群体）	体育旅游产品开发	产品的作用
都市居民	休闲度假健身类体育旅游产品	减轻压力、放松身心
青年人	探险类体育旅游产品	挑战自我、超越自我
公司职员	团建类体育旅游产品	团队建设、提供信心、挖掘潜力
女性	健美健身类体育旅游产品	健身、塑身、减肥
异地游客	民族体育旅游产品	展现民族文化、展现民族魅力
中老年人	健身保健类体育旅游产品	养生健身、延年益寿

(三)资源联动型开发模式

所谓资源联动型开发模式,就是指在共生理论指导下,将体育旅游资源进行联动开发的一种模式,这种模式不仅有助于区域体育旅游资源的整合,也有助于优化区域体育旅游产业结构,进而实现区域体育旅游的一体化发展。资源联动型开发模式统筹的区域一般较大,不会局限于一个小的区域,所以在开发时需要做好全盘的规划,考虑好各单元(小区域)之间的空间距离、性质差异,然后充分利用各单元有利的环境条件,实现区域联动合作开发的协调性和整体性。

例如,山东半岛滨海地区的海岸线长 3 000 多公里,融海、岛、滩、城为一体,其中包括刘公岛、石岛、田横岛、长岛等著名岛屿,还包括一千余处较大规模的海滩,这些自然资源为该区域体育旅游资源的联动开发提供了巨大的潜在空间,也为海滨体育旅游的开展创造了良好的条件。[①]

第四节 不同区域体育旅游产业的发展

体育旅游资源是体育旅游产业发展的一个基础,而不同区域的体育旅游资源存在差异,所以就不同区域而言,其体育领域产业发展的策略也要因地制宜。其实,就目前体育旅游消费的现状来看,在体育旅游需求逐渐增高的同时,人们对体育旅游内容的要求也呈现多元化的特征,所以不同地区应充分发挥不同地区的优势,打造能够体现当地特色的体育旅游产业,这样才能更好地满足人们体育旅游消费多元化的需求。在本节中,笔者以广东省和我国西南少数民族地区为例,针对体育旅游产业的发展做具体的论述。

一、广东省体育旅游产业的发展

(一)广东省体育旅游产业发展的 SWOT 分析

SWOT 分析就是从内部因素(优势、劣势)和外部因素(机遇、威胁)对体育旅游产业进行全面、系统的分析(图 6-6),然后以此为依据,用以指导

---

① 李淑娟,隋玉正.山东半岛城市群旅游资源整合与开发对策研究[J].商业研究,2008(7):213-216.

体育旅游产业的发展。

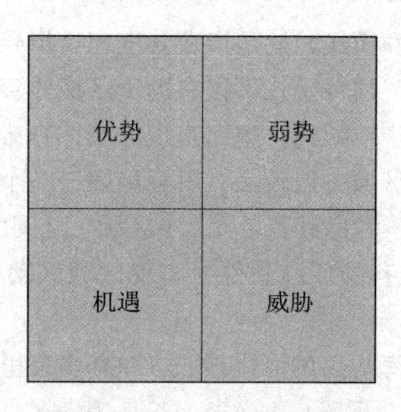

优势	弱势
机遇	威胁

图 6-6　SWOT 分析法

1. 优势分析

（1）经济优势。广东省是我国的经济大省，在多项经济指标中都是名列前茅，而体育旅游产业的发展需要一定的经济基础，所以广东省的经济体量能够为其体育旅游产业的发展提供必要的经济支撑。

（2）旅游资源优势。自改革开放以来，广东省旅游产业获得了良好的发展，有关旅游的"行、游、吃、住、购、娱"6大门类建设成效显著。此外，广东省水上体育旅游资源也非常丰富，非常适合开展夏季体育旅游运动，如漂流、溯溪等。

（3）完备的体育设施。体育设施是体育旅游产业中的一个重要因素。广东省作为体育强省，六运会、九运会、亚运会都在这里举行，对促进当地的体育设施建设起到了积极的作用。广东省第五次体育场地普查结果显示，广东省拥有各类体育场地 77 656 个，全省人均体育场馆 2.02 平方米，在全国位居前列。

2. 弱势分析

（1）体育旅游产品多样化欠缺。广东省在竞技体育方面表现非常突出，所以体育旅游发展的重心也大多放在竞技体育观赛方面，并以此吸引游客。虽然广东省还有一些水上体育运动项目，但总体而言，其体育旅游产品的多样性较差。

（2）缺乏专业的体育旅游人才。人才是支撑产业发展的重要基础，虽然广东省在经济发展上有很大优势，也吸引了很多人才，但在体育旅游方面，人才需求和供给仍然不平衡。

3. 机遇分析

（1）政策支持。政策支持对产业的发展来说也是一个机遇。近些年，国家大力支持体育产业的发展，同时积极倡导产业的融合。体育旅游产业作为体育产业和旅游产业融合的产物，在上述两个方面都获得了国家的支持。此外，就广东省来说，广东省政府也针对当地旅游产业的发展出台了一些文件。比如，2020年，为缓解新冠肺炎疫情对体育旅游产业造成的影响，中共广东省委宣传部、广东省文化和旅游厅、广东省体育局联合出台了《关于积极应对新冠肺炎疫情影响促进文化旅游体育业平稳健康发展扩大市场消费的若干政策措施》，旨在帮助全省文化旅游体育业渡过疫情难关，提振发展信心，扩大市场消费，实现平稳发展。

（2）需求凸显。需求是产业发展的重要基础，根据上文对体育旅游需求的分析可知，目前体育旅游的消费需求呈上升趋势，这也是体育旅游产业发展的重要机遇。

4. 威胁分析

（1）体育旅游资源开发与保护的矛盾。体育旅游资源开发是体育旅游产业发展的重要环节，但对于一些自然资源，应秉承保护的原则，这就导致了资源开发与保护之间矛盾的产生。其实，资源开发与保护的矛盾是客观存在的，所以如何处理和平衡二者之间的矛盾，是需要思考的一个问题。

（2）其他地区的竞争。随着体育旅游产业消费需求的持续增长，各地都开始加大体育旅游产业的发展力度，这就使各省之间的竞争不断加剧。

（二）广东省体育旅游产业发展的策略

1. 扩大优势

面对体育旅游产业发展的机遇，广东省应充分利用其在经济、资源、设施等方面的优势，从而将机遇转化为效益。首先，在经济方面，广东省可加大对体育旅游产业的投入。比如，加大对体育旅游企业的扶持力度，尤其在新冠肺炎疫情的影响下，体育旅游产业受到了较大的冲击，政府可给予适当的经济扶持，从而帮助体育旅游企业渡过疫情难关。其次，在旅游资源方面，针对自然资源和人文资源，政府应在秉承保护原则的基础上，加大对资源的开发力度，而在资源开发上，广东省经济上的优势再次凸显，即可以加大资源开发的经济投入。最后，在体育设施方面，广东省可利用其健全的体育设施引进一些高水平的比赛，从而进一步凸显其在竞技体育观赛方面的优势。

2. 缩小劣势

针对体育旅游产品多样化欠缺的问题，广东省可在进一步发挥其自然旅游资源丰富的优势的同时，开发更多的体育旅游项目。另外，岭南文化作为广东省重要的人文资源，有着悠久的历史和鲜明的特点，对其他地区的人有着强烈的吸引力，所以广东省可以将岭南文化与体育旅游有机结合起来，形成颇具特色的岭南体育旅游区。

而针对体育旅游专业人才缺乏的问题，广东省可以借助其经济上的优势，制定一些具有吸引力的人才引进政策，从而吸引更多的人才流入。除了引进人才外，广东省还应该加强对人才的培养，而高校是人才培养的重要场所，政府、高校和企业之间还可以形成合作关系，即由政府牵头，引导企业和高校合作，共同培养优秀的人才。

3. 应对挑战

就体育旅游资源开发与保护的客观矛盾来说，笔者认为应该辩证地看待二者的关系。从表面来看，资源的开发不可避免地会带来一定程度的破坏，但如果资源的开发能够引起社会大众的关注和重视，这对于促进资源的保护也能够起到一定的作用。尤其对于传统的人文资源来说更是如此，因为在现代文化的冲击下，传统人文资源在逐渐流失，而如果能够将其开发成一种体育旅游资源，无疑会再次引起人们的关注和重视，进而促进传统人文资源的传承。当然，上述观点始终以保护为前提，这样才能走可持续发展的道路。

至于省份之间的竞争，这既是挑战，也是动力。从某种意义上来说，正是因为存在竞争，市场才会发展，所以要正确看待省份间关于体育旅游产业的竞争。当然，不同区域之间也可加强合作，因为不同区域之间的体育旅游产品很可能存在差异，这种差异可以形成互补，从而打造联合性的区域旅游品牌。

二、我国西南少数民族地区体育旅游产业的发展

（一）我国西南少数民族地区传统体育文化的特点

我国西南地区是少数民族聚集区，少数民族分布十分广泛，所以其传统体育文化也非常丰富。由于不同民族之间传统体育文化存在差异，我们很难对其

进行系统的归类，所以笔者在这里以羌族为例，简要阐述该民族传统体育文化的特征。

1. 民族地域性

西南地区的羌族主要生活在川西地区和岷江上游，多数居民居住在高山区，且其地势险峻，水流湍急，这造就了羌族特殊的民族体育传统。例如，在古代时，溜索是羌族常用的一种特殊的交通方式，古羌人把准备好的一根或两根碗口粗的竹缆，分别拴在两岸的石柱上，再把麻绳束紧在腰间，绳子挂在竹缆筒间，身悬绳上，渡过波涛汹涌的岷江，到达目的地。再如，羌族传统体育项目"扭棍子"（羌族语称"勒升格居"），这是农闲时的一种娱乐活动，取一根一米长的木棍，在中间做一个标识，两个人立于棍子的两端，一起用手握住棍子，然后其中一人扭动棍子，另一人握住不动，最后通过标识的转动来判断胜负。

2. 形式多样

羌族大多以农牧为主，所以其传统体育项目也大多与农牧有关，如上文提到的扭棍子。除了扭棍子之外，羌族还有很多传统的体育项目，如舞麻龙、踩升斗、踢花鞋、抢头巾、爬天杆、丢窝窝、推杆、溜索等，可谓是形式多样。其中，推杆在1985年首次被列为全国少数民族传统体育运动会上的表演项目，并且参加了2008年北京奥运会的文艺表演，受到了来自世界各族人民的关注。

3. 民族交融性

在羌族长期生活的地域，除了羌族之外，其他一些民族的人也居住在此地，虽然在数量上较少，但他们带来的文化也或多或少地对羌族文化产生了影响，其中便包括对羌族传统体育文化的影响，从而使羌族传统体育文化在某些方面呈现出民族融合的特征。例如，羌族传统体育项目中的斗鸡、秋千、抓石子，便在内容和形式上体现出其他民族的特征。

（二）我国西南少数民族地区体育旅游产业发展的策略

1. 加强基础设施建设，提升体育旅游服务水平

基础设施建设是体育旅游产业发展的重要支撑，是提升体育旅游服务水平的重要保障。因此，我国应加强西南少数民族地区基础设施的建设，包括水、电、交通、通信等多个方面。此外，针对体育旅游的旅游属性，当地还需要从

"行、游、住、食、购、娱"六要素着手，加强配套设施的完善，这样才能用较高的体育旅游服务水平为游客带去良好的体育旅游体验。

2. 加大旅游资源开发，积极拓展体育旅游市场

我国西南少数民族地区有着丰富的体育旅游资源，包括人文资源和自然资源，这些资源对其他地区的很多人具有强烈的吸引力，所以当地应加大对体育旅游资源的开发力度。当然，体育旅游资源的开发仅仅是第一步，我们还需要进一步拓展西南少数民族地区的体育旅游市场，吸引更多的游客。在体育旅游市场的拓展上，可以组织和策划一些具有民族特色的传统节日活动。同样以羌族为例，羌族的节庆活动丰富而风格独特，如羌历年、古羌文化节、祭山会（也称转山会、敬山节）、传歌节（也称妇女节、瓦尔俄足节）、传统祭天会等，同样举办传统的节日活动，可以起到文化宣传的作用，提升该地区体育旅游的影响力。

3. 树立正确的发展观，保证体育旅游的可持续发展

可持续发展理论是指既满足当代人的需要，又不对后代人满足其需要的能力构成危害的发展。可持续发展是一个科学的发展理念，任何产业的发展都需要以该理念为指导。对于我国西南地区少数民族而言，其传统的体育文化和自然资源是其发展体育旅游的优势，只有这些优势存在，其体育旅游产业的发展也便有了基础。因此，为了保护这些资源，无论是在资源的开发，还是在资源的管理中，我们都需要树立正确的发展观，这样才能保证该地区体育旅游产业的可持续发展。

第七章 体育消费与体育培训产业发展

第一节 体育培训及其产业阐述

一、体育培训

（一）体育培训的概念与类型

1. 体育培训的概念

要了解体育培训的概念，首先需要明晰培训的概念。联合国教科文组织对培训的定义是：通过有计划地传授相关知识、技能和态度达到目的或完成特定工作的训练活动。培训是一个交换的过程，消费者交纳费用，销售者将消费者所需的某种知识或技能教授给消费者，形成技能的转移，从而完成交换的过程。[1] 体育培训就是将培训要传授的知识、技能和态度限定在体育的范畴内，即将有关体育的知识、技能和态度通过有计划的训练传授给受训练者，从而达到提高受训练者体育运动能力，并形成体育运动技能的目的。

2. 体育培训的类型

依据不同的标准，体育培训有着不同的分类，具体见表7-1。

表7-1 体育培训的类型

分类依据	类　型
项目	竞技类体育项目培训 休闲类体育项目培训 体育服务类项目培训

---

[1] 刘鉴瑕.河北省少儿艺术体操培训市场现状及对策研究[D].石家庄：河北师范大学,2016.

续 表

分类依据	类　型
培训对象	运动员培训 体育教练员培训 体育经纪人培训 体育指导员培训
投资主体	国家培训 社会培训 国家和社会共同培训
培训机制	计划型体育培训 市场型体育培训 半市场型体育培训

（二）体育培训的组织形式

1. 培训班

培训班通常指通过班级这种教学组织形式对学员进行知识、技能培训的一种组织形式。就体育培训而言，培训班是目前常见的一种组织形式，该组织形式具有容量大、适应面广、组织方便等优点。依据培训对象的不同，培训班可分为启蒙班、提高班、高级班和专业班，能够满足不同基础层次体育爱好者的培训需求。此外，培训班的种类也非常多，如游泳培训班、足球培训班、篮球培训班等，所以也能够满足不同类型体育爱好者的培训需求。

2. 俱乐部

俱乐部也是体育培训中一种常见的组织形式，主要分为三种类型：健身俱乐部、青少年俱乐部和职业俱乐部。健身俱乐部以开展群众健身活动为主。随着人们生活水平的提高，人们对身体健康愈加重视，所以越来越多的人以会员的形式进入健身俱乐部，通过参与俱乐部组织的健身活动，达到强身健体的目的。青少年俱乐部以组织青少年体育活动为主，其任务是培养青少年体育兴趣，并传授体育技能。职业俱乐部培训的对象主要是职业运动员或准职业运动员，同时，职业俱乐部还会向公众提供竞技表演服务及相关产品，所以在性质上与上述两种类型存在较大的差别。

3. 少年儿童体育学校

少年儿童体育学校主要从事各项体育项目的早期训练和培训工作，目前主要有两种类型，一种是普通类型，一种是重点类型。前者主要是利用学生的业余时间对学生进行培训，学生文化课的学习依旧在普通中小学；后者则是对学生进行集中型的培训，学生文化课的学习与体育训练全部在体育学校进行。为了更有效地贯彻国家体育、教育方针，国家体育总局、教育部在2011年公布了《少年儿童体育学校管理办法》，少年儿童体育学校的建设和管理必须严格遵守该管理办法。

4. 私人培训

私人培训是近些年兴起的一种体育培训形式，是基于体育培训高端市场的需求以及消费者消费特点而形成的。私人培训主要有"一对一""一对二"和"一对三"几种形式，因为教练员面对的学员较少，所以能够更加深入地了解学员的情况，同时针对性地制订培训计划，并且可以随时结合学员的情况进行灵活的变动，这是上述三种组织形式所不能实现的。

二、体育培训产业

（一）体育培训产业的概念

由于体育培训产业发展的时间较短，所以目前对体育培训产业概念界定的资料很少，笔者也没有找到有关体育培训产业的准确概念与定义。但综合前文对体育产业的阐述以及对体育产业中其他组成产业的论述，笔者认为体育培训产业无非是将产业发展的范畴限定在体育培训方向。与此同时，结合上文对体育培训概念的界定，笔者认为体育培训产业就是为社会公众提供体育培训服务和相关产品的活动，以及与这些活动有关联的活动的集合。需要指出的是，目前体育培训的种类虽然很多，但我国体育培训的市场主要集中在少年儿童培训行业，所以本章针对体育培训产业的论述也主要围绕少年儿童培训展开。

（二）体育培训产业的经营模式

通过上文对体育产业概念的界定可知，凡是为社会公众提供体育培训服务和相关产品的活动，以及与这些活动有关联的活动都属于体育培训产业的范畴，而依据经营主体的不同，体育培训产业经营的模式可以分为四种，如图7-1所示。

```
体育培训产业          自主经营
的经营模式    →      承包租赁
                    合作经营
                    委托经营
```

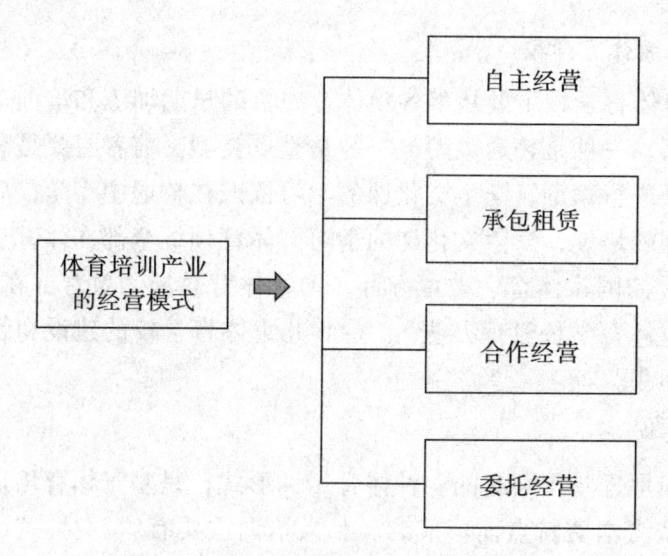

图 7-1　体育培训产业的经营模式

1. 自主经营

自主经营是指由培训主体依托自身的资源优势和培训资质，依法独立自主地开展体育培训业务。在我国，多数的体育场馆、体校、训练基地等都有自主培训的资质，这也是我国体育培训产业中的比较常见的一种经营模式。该经营模式具有场馆设施与教练员方面的资源优势，可以实现场馆资源利用的最大化，但缺点是承担的风险较大，所以必须要考虑到对风险的预防以及应对措施。

2. 承包租赁

承包租赁主要是指体育场馆经营者通过契约的形式将场馆的使用权以及体育培训活动项目的经营权租赁给其他人，后者负责体育培训相关事务的管理与经营。承租人在承包体育培训项目时，可承包某一培训项目，也可承包一部分培训项目，甚至可以承包全部培训项目，只要双方就此达成协议即可。而在租赁的过程中，出租方有权通过协议规定的内容对承租人进行监督，避免承租人出现过度使用或破坏体育场馆相关设施的行为。

3. 合作经营

体育培训产业中的合作经营模式主要是指双方或多方通过协商达成合作协议，然后共同合作开展体育培训的一种经营方式。合作经营模式也是体育产业中比较常见的一种经营模式，因为合作的双方或多方可以在某种程度上实现优势互补，最终收获的利益由双方或多方共享，即实现"双赢"或"多赢"。

4. 委托经营

委托经营是指场馆设施的所有机构或经营管理者通过公开招标、签订协议的方式，将其拥有的场馆设施的经营权或部分培训经营权委托给专业化的经营机构或培训机构，由该机构根据协议的约定负责场馆设施的运营和培训工作。该种模式与承包租赁类似，但采取的途径不同，所以在性质上也存在一定的差异。目前，这种经营模式在我国并不多见，很多场馆都会选择将运营权交由专业的机构，并由该机构负责场馆的培训运营工作。

第二节 体育培训消费市场分析

一、体育培训市场的现状分析

（一）体育培训市场规模巨大

我国体育培训产业虽然起步较晚，但发展速度很快，其市场规模在不断壮大。根据国家体育总局发布的2019年全国体育产业相关数据可知（表1-2），体育培训与教育的总产出为1 909.4亿元，占总产出的6.5%，较上年增加13.6%。而根据表1-2的数据可知，在体育产业的诸多细分产业中，体育培训与教育产业的规模占比排名第四位，虽然其占比并不是很高，但其总体规模已经接近两千亿元，市场规模巨大，而且其增长速度（13.6%）排名第三，所以在未来的发展中，其规模将会进一步增大。

（二）体育培训花费金额呈上涨趋势

随着人们对体育运动认识的逐步深入，人们越来越愿意在体育运动上消费，尤其在少儿体育培训上，很多家长都愿意支付较高的费用，并且对支付费用的预期也呈逐渐递增的趋势。《2021年大众健身行为和消费研究报告》显示，学龄前和小学阶段是家长为孩子报名参加体育培训的"黄金阶段"，虽然不同阶段体育消费的金额有所差别，但针对未来一年的预期花费都持增加的态度，详细数据见表7-2。

表7-2　不同阶段少儿体育培训年均消费及未来一年预期花费

年　龄	实际花费和未来一年预期花费	金额/元
3～6岁	当年花费	3 726
	未来一年预期花费	4 385
7～12岁	当年花费	3 684
	未来一年预期花费	4 418
13～15岁	当年花费	2 977
	未来一年预期花费	3 599

注：上表数据来源于《2021年大众健身行为和消费研究报告》。

（三）体育培训产业快速发展下市场体系的不健全

在体育培训产业巨大的市场规模与市场潜力下，体育培训机构如雨后春笋般出现，根据企查查的官方数据显示，目前我国体育培训机构已超过三万家，相关企业注册数量呈逐渐上升的趋势。体育产业的快速发展从一定程度上反映出社会发展对体育运动的重视，但产业的快速发展也带来了一些问题，即市场体系建设相对落后，虽然政府制定了一些政策，但仍旧不可避免地出现了一些问题。比如，体育培训行业的门槛较低，这容易导致体育培训出现良莠不齐的现象，并给社会大众留下一个不好的印象，进而影响体育培训产业的可持续发展。因此，进一步健全体育培训市场体系就显得非常有必要。

二、体育培训消费需求分析

为了进一步了解少年儿童家长对体育培训消费的需求，笔者设计了调查问卷，问卷内容见表7-3。

表7-3 少年儿童体育培训消费市场调查问卷

您孩子的性别：	您孩子的年龄：
具体内容	1. 您认为学校体育课能满足您孩子体育运动的需求吗？ A. 完全能满足 B. 比较能满足 C. 不太能满足 D. 完全不能满足 E. 不清楚 2. 下列体育培训项目中，您孩子正在参加哪种培训项目？或者您倾向于孩子参加哪种项目？（可多选） A. 体适能 B. 篮球 C. 足球 D. 排球 E. 游泳 F. 羽毛球 G. 乒乓球 H. 跆拳道 I. 田径 J. 棒球 K. 网球 L. 橄榄球 M. 其他
具体内容	3. 您认为哪些因素影响着您孩子参加体育培训？ A. 学业负担重 B. 孩子不感兴趣 C. 培训价格高 D. 不确定 4. 您平时关注孩子的体育培训吗？ A. 非常关注 B. 比较关注 C. 不太关注 D. 不关注 5. 您认为体育培训对少年儿童有意义吗？ A. 非常有意义 B. 比较有意义 C. 没有意义 D. 影响学业 6. 您更加看重体育培训机构的那些方面？（可多选） A. 课程内容 B. 价格 C. 资质 D. 设施 E. 教练水平 F. 安全措施 G. 训练效果 H. 地理位置 M. 其他 7. 您让孩子参加体育培训的动机是什么？（可多选） A. 提高身体素质 B. 掌握运动技能 C. 培养运动兴趣 D. 培养团队协作能力 E. 培养竞争意识 F. 丰富课余活动 G. 培养坚韧品质 H. 为考试打基础 I. 激发潜能，成为职业运动员 8. 您希望孩子体育培训的周期是多长时间？ A. 一个季度 B. 半年 C. 一年 D. 长期 9. 您更倾向于孩子在什么时间段参加体育培训？ A. 周末 B. 寒暑假 C. 下午放学后 D. 不确定 10. 您对当前的体育培训有什么看法和建议？

（一）大众体育运动的消费需求较高

笔者一共调查了 70 位家长，针对运动项目的选择，他们正在选择或倾向于选择一些大众体育项目，具体数据见表 7-4。

表 7-4 家长对体育运动项目的选择或倾向

运动项目	选择人数	比例/%
体适能	25	35.7
篮球	22	31.4
足球	17	24.3
排球	8	11.4
游泳	24	35.3
乒乓球	21	30
跆拳道	18	25.7
田径	14	20
棒球	9	12.9
网球	11	15.7
橄榄球	5	7.1

注：因为在体育运动项目的选择上是多选，所以总比例相加并不是百分之百。

由表 7-4 的数据可知，家长在体育培训的消费需求上，更倾向于大众体育项目，如体适能、篮球、足球、游泳、乒乓球等，因为家长对这些运动项目更加了解，所以近些年有关大众体育运动项目的消费需求一直保持较高的态势。

（二）小众体育运动培训的消费需求呈上升趋势

由表 7-4 可知，游泳、体适能、足球、篮球等体育运动培训备受大众的关注，其需求一直保持一个较高的状态，而像棒球、网球、橄榄球等小众运动，虽然家长的消费需求相对较低，但也有很多家长表示想让孩子接受小众体育运动项目的培训，并且一些家长的孩子也正在接受相关运动项目的培训，所以有关小众体育运动项目的消费需求，总体上来说呈现上升的趋势。例如，CFD旱地冰球中心在2016正式推出了青少年旱地冰球教学体系，这是针对旱地冰球这一小众运动构建的培训内容，仅仅一年时间，该教学体系就被推广到全国200多所中小学，虽然和足球、篮球等项目的培训规模相比还相差甚远，但其推广速度之快也在一定程度上反映了社会大众在该项目培训上的需求。

（三）多数家长具有体育培训的消费需求

笔者在对学生家长的调查中了解到，多数学生家长认为学校的体育活动并不能满足孩子体育运动的需求（表7-5），而且在参加体育培训的周期选择上，也都倾向于长期（表7-6）。与此同时，在"双减"政策的影响下，越来越多的学生家长认为应该减轻孩子学习的负担，增加孩子体育运动的时间，所以综合来看，多数学生家长在体育培训上表现出了比较强烈的消费需求。

表7-5 学生家长对学校体育活动的看法

选 项	选择人数	比例/%
完全能满足	7	10
比较能满足	17	24.3
不太能满足	32	45.7
完全不能满足	9	12.9
不清楚	5	7.1

表7-6 学生家长对孩子体育培训周期的看法

选 项	选择人数	比例/%
一个季度	3	4.3
半年	7	10
一年	9	12.9
长期	51	72.9

（四）提高孩子身体素质是家长体育培训消费需求产生的主要动机

关于学生家长让孩子参加体育培训的动机，排名第一位的是提高身体素质，其次是培养坚韧品质、丰富课余活动和培养体育运动的兴趣爱好，具体数据见表7-7。

表7-7 家长让孩子参加体育培训的动机

选项	选择人数	比例/%
提高身体素质	52	74.3
掌握运动技能	25	35.7
培养运动兴趣	38	54.3
培养团队协作能力	26	37.1
培养竞争意识	21	30
丰富课余活动	41	58.6
培养坚韧品质	44	62.9
为考试打基础	13	18.6
激发潜能，成为职业运动员	2	2.9

注：因为在体育培训动机的选择上是多选，所以总比例相加并不是百分之百。

第三节 体育培训产业发展机遇

一、人均可支配收入与消费意愿同步增加

随着我国经济的稳定增长，居民人均可支配收入也呈现上升趋势，以2016—2020年我国居民人均可支配收入为例，除2020年因受新冠肺炎疫情影响，我国居民人均可支配收入增速低于5%外，其余四年的增速均超过5%，具体数据见表7-8。

表 7-8　2016—2020 年我国居民人均可支配收入

年份	人均可支配收入
2016	23 821
2017	25 974
2018	28 228
2019	30 733
2020	32 189

注：上表数据来源于国家统计局。

在我国居民人均可支配收入增加的同时，我国居民的消费意愿也在不断提升，同样以 2016—2020 年五年时间为例，2016 年到 2019 年四年间，我国居民人均消费支出逐年递增，2020 年受新冠肺炎疫情影响，我国居民人均消费支出有所下降，但依旧保持在较高的数值，这在一定程度上表明了我国居民消费意愿的提升，具体数据见表 7-9。

表 7-9　2016—2020 年人均消费支出

年份	人均消费支出
2016	17 111
2017	18 322
2018	19 853
2019	21 559
2020	21 210

注：上表数据来源于国家统计局。

可支配收入、消费意愿和消费行为三者之间有着紧密的联系，可支配收入的增加能促进消费意愿的提升，而消费意愿的提升会促使消费行为的产生。当然，消费意愿的提升除了受可支配收入的影响外，还受消费需求的影响，如果没有需求，可支配收入的增加也很难带动消费意愿的提升，其关系如图 7-2 所示。就体育培训产业来说，笔者在上一节中针对消费需求进行了论述，即目前体育培训的需求比较突出，因此，我国居民人均可支配收入和消费意愿的同步提升，将为我国体育培训产业的发展提供经济基础。

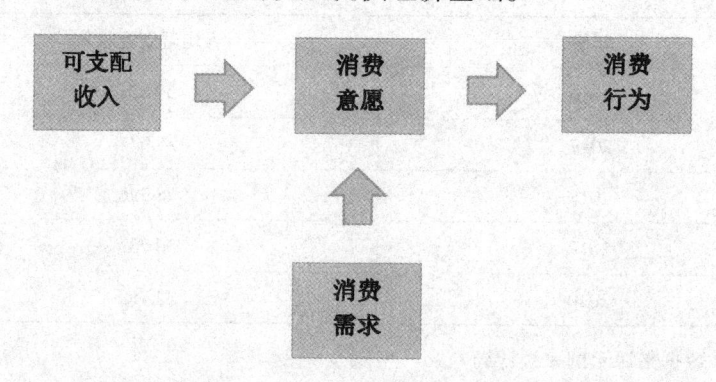

图 7-2 可支配收入、消费意愿、消费需求和消费行为的关系

二、国家政策扶持

在倡导全民健身的大环境下，体育培训产业的发展具有非常重要的意义。第一，体育培训产业的发展有助于进一步促进体育消费；第二，体育培训产业的发展有助于体教融合的深化；第三，体育培训产业的发展有助于促进青少年身体素质的提升；第四，体育培训产业的发展有助于体育产业市场的进一步完善。因此，国家先后出台了一系列有助于体育培训产业的政策，具体政策及内容见表 7-10。

表 7-10 体育培训产业发展的相关政策

年份	政策名称	相关内容
2016 年	《青少年体育"十三五规划"》	增强青少年体育素养，提升青少年体育公共服务水平，强化竞技体育后备人才培养，完善青少年体育组织网络，每 20 000 名青少年拥有一个青少年体育俱乐部
2018 年	《青少年体育活动促进计划》	到 2020 年，国家示范性青少年体育俱乐部达到 300 家，各级青少年体育俱乐部达到 12 000 家；实现青少年体育组织类型不断丰富，规模不断壮大
2019 年	《关于促进全民健身和体育消费推动体育产业高质量发展的意见》	突破场地设施、赛事活动、参与主体和服务投资局限，完善青少年体育公共服务体系；以市场化手段促进青少年体育培训服务业发展，提升体育服务业的比重，并加强体育服务业质量检测

续表

年份	政策名称	相关内容
2020年	《关于深化体教融合促进青少年健康发展的意见》	加强青少年体育俱乐部与学校合作，改善营商环境，构建"政府引导、社会参与、市场配置"的体育工作大格局；鼓励体校教练员和优秀体育教师参加各种体育运动技能培训，增强课余训练能力；构建青少年赛事体系，加强宣传转播力度
2021年	《关于做好课外体育培训行业服务监管工作的通知》	各地体育行政部门要组织本地区的青少年体育俱乐部、体育培训机构、体校、学校体育社团等课外体育培训主体开展规范化建设行动；与教育行政部门共同遴选符合条件的青少年体育俱乐部，为中小学校提供课外体育培训服务；要加快出台规范、促进体育培训行业发展的相关政策

在一系列政策的推动下，我国体育培训产业始终保持快速的发展态势，并且越来越多的学生家长开始重视孩子的体育培训。《2017—2022年中国少儿培训市场竞争态势及投资规划研究报告》显示，目前我国每年参加课外培训的青少年儿童超过1亿人次。2021年，由上海市体育局主办的上海市青少年体育精英系列赛，共13个大项（21个分项）58站比赛；由上海市体育局主办的其他单项比赛，共28个项目67次比赛；以及上海市青少年体育俱乐部联赛17个项目17次比赛。此外，中国小篮球联赛、斯巴达勇士儿童赛等借助社会资本力量举办的赛事在近年来也层出不穷。

总之，在政府一系列政策的推动下，有着千亿市场前景的体育培训市场正在逐步迎来全面的爆发。

第四节 体育培训产业发展策略

一、构建体育培训产业发展的政策体系

在上文，笔者分析了政府政策对体育培训产业发展的重要作用，但要进一步促进体育培训产业的发展，政府应进一步发挥其职能，构建更加完善的体育产业发展政策体系。

（一）加强对体育培训产业的扶持

在体育培训产业发展过程中，政府的扶持发挥着重要的作用，尤其在市场受外部环境影响较大的时候，一些小微企业更容易受到波及，政府应采取必要的措施，帮助这些体育培训企业渡过难关。因此，笔者建议政府应该将体育培训小微企业（尤其是面对青少年的企业）纳入稳就业等"六稳"和保居民就业、保基本民生、保市场主体等"六保"范畴之列，从而保障体育培训产业的健康发展。与此同时，政府还应该结合市场资源情况适当对市场资源进行配置，缩小不同地区之间产业发展的差距。总之，针对体育培训产业的发展，政府应制定一些扶持政策，并在一些特定的时期给予产业一定的扶持，从而为体育培训产业的发展营造良好的外部环境。

（二）加强体育培训市场监管

随着"体教融合"策略的出台和实施，推动青少年文化学习和体育锻炼协调发展将成为现代教育的重要方针，由此也会进一步刺激体育培训市场消费需求的释放。在巨大的市场诱惑下，体育培训相关的企业也会不断增多，政府在扶持这些企业，以满足青少年体育培训需求的同时，也应该加强对市场的监管，避免市场出现野蛮生长以及劣币驱逐良币的现象，从而确保体育培训产业健康、可持续的发展。关于这一点，在国家体育总局、教育部印发的《关于深化体教融合促进青少年健康发展的意见》中也明确指出："鼓励青少年体育俱乐部发展，建立衔接有序的社会体育俱乐部竞赛、训练和培训体系，落实相关税收政策，在场地等方面提供政策支持。教育部、体育总局共同制定社会体育俱乐部进入校园的准入标准，由学校自主选择合作俱乐部。同时要加强事中事后监管，改善营商环境，激发市场活力，避免因联合认定俱乐部而可能出现变相行政审批的现象。"

二、构建体育培训机构融合发展治理体系

体育培训产业的微观组织形态有各级各类体校、体育商业培训机构、青少年体育俱乐部、普通学校体育组织和各级各类体育场馆等，它们在赛事活动、技能培训、后备人才培养等方面发挥着积极的作用。而由于不同形态的组织机构的业务形态不同，所以其管理分属不同的部门，具体如图7-3所示。

第七章 体育消费与体育培训产业发展

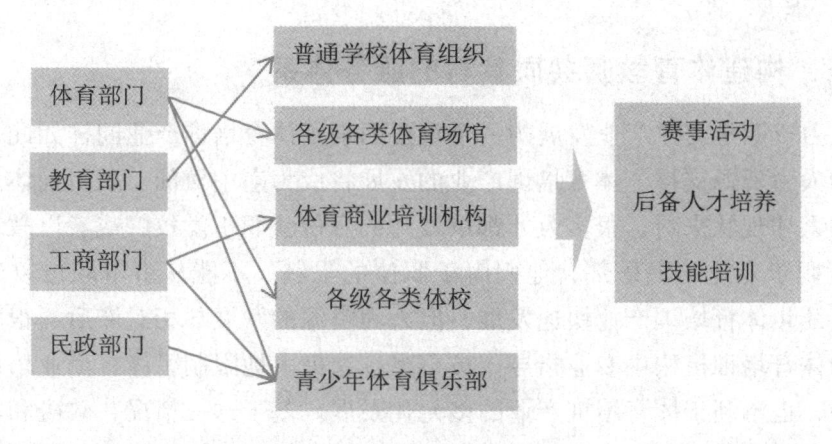

图 7-3 体育培训机构体系

（一）政府主导各类体校和普通学校开放办学

对于各级各类体校，政府应积极引导，促使其采取开放办学的模式，即以社会化、市场化、合作化模式松绑办学机制，利用体育进校园、体育冬（夏）令营等活动主动作为，发挥自身专业化场馆和教练团队的优势，以此作为初级选材和发现后备人才、培育人才的路径。对于普通学校而言，政府应结合学校的实际情况而定。对于一些体育教育比较完善的学校，可以继续沿用本校的体育教学模式，而对于一些体育教育不完善的学校，可以提供开放办学的方式与校外体育培训机构合作，以此来解决体育教师不足和体育训练课程质量不高的问题。

（二）协调各基层体育行政部门的作用

在众多的体育培训机构中，商业培训机构才是产业的核心力量，占据整个产业的大部分市场，所以政府应鼓励体育商业培训机构的发展，并协调发挥体育、教育、工商、财政、国土资源等多部门的作用，从税收、土地、水电能耗、场馆使用、借贷等方面给予一定的支持，帮助体育商业培训机构解决产业初期的应急之需。另外，各基层体育行政部门还应发挥跨域性政府治理效能，围绕制定青少年体育政府购买服务清单、多部门联合监督执法、体育赛事社会化管办分离等政策，促进体育商业培训机构高质量发展。

三、构建体育教师共同参与的服务体系

人力资源是支撑产业发展的一个重要因素，体育培训产业同样如此，没有充足的人力资源支撑，体育培训产业的发展将成为空中楼阁。就目前体育培训产业的人才现状来看，很多人才都以教师的身份就职于学校，或者以教练员的身份就职于专业的俱乐部，他们由于职位的限制，不能从事本职位以外的工作。近几年体育培训产业快速发展，但人力资源的发展却相对滞后，很多商业性质的体育培训机构中专业指导人员不足，这极大地限制了体育商业培训机构的发展，也不利于体育培训产业的多元化发展。基于这一情况，政府和学校应该结合当地体育培训机构和学校的实际情况探索适宜的解决方案，让教师在保证本职工作的基础上，以兼职的形式参与到服务体系中，从而共同为体育培训产业的发展服务。

四、借助互联网赋能体育培训产业

在互联网时代，我国经济学界已将数字化视为推动世界经济发展的主要动力。从体育培训产业的视角看，互联网已经逐渐渗透到体育培训产业中，并发挥着越来越重要的作用。的确，互联网在体育培训产业中的融入为人们带来了更加丰富的运动体验，也降低了运动的门槛，同时为特殊情况下的"宅家运动"提供了助力。当前，互联网已经渗透到我们生活的方方面面，在体育培训产业中的渗透虽然时间较短，但其发挥的作用已经初步体现，所以体育培训产业的发展应充分借助互联网的东风，在互联网的赋能下实现进一步的发展。

针对互联网对体育培训产业的赋能，笔者在此以目前受欢迎度比较高的Keep为例做简要阐述。

Keep团队成立于2014年10月，团队开发的软件"Keep"在2015年2月4日上线，软件最初属于具有一定社交属性的运动健身产品，涵盖了跑步、瑜伽、冥想、行走、骑行等多种运动项目，能够满足不同用户、不同运动项目的运动需求。Keep软件中包含多种健身课程，从这一角度看，Keep具有体育培训的属性，但与传统体育培训不同，Keep致力于线上培训，这是互联网赋能下体育培训产业的一次变革。Keep APP中有丰富的训练课程（图7-4），用户可以结合自己的需求选择相应的课程。

第七章　体育消费与体育培训产业发展

图 7-4　Keep APP 中的训练课程

当然，Keep 在发展的过程中也遇到了一些问题，其中最为突出的一个问题就是用户黏性不足，用户的留存率较低。造成这些问题的原因很复杂，我们很难准确地分析出哪些是关键性的原因，但通过分析以下几条具体的原因，也可以为后来者提供更多的思考。

其一，健身课程讲解不够细致，因为是线上课程，有些地方做不到像线下一样清楚明了，对于一些刚刚开始健身的新手来说，也许理解起来会存在困难，从而导致半途而废。

其二，Keep 对用户的引导不够。在全民健身理念的影响下，越来越多的人认识到体育锻炼的重要性，但多数人都是存在惰性的，这种惰性具有持续性，即一旦停止体育锻炼，也许在未来的一段时间内都会对体育锻炼持抗拒的态度。但是，如果在用户放弃锻炼的初期施加一些外在影响，也许会再次调动人们体育锻炼的热情。显然，Keep 在这一方面还存在欠缺。

其三，Keep 的社区属性相对较弱。虽然在 Keep 软件中有"社区"一栏，但社区模块的氛围并不十分理想，这也会在一定程度上影响用户的体验感。

　　Keep存在的一些问题或许不具有代表性，却表明在借助互联网为体育培训产业赋能的过程中不可避免地会出现一些问题，但问题的出现并不代表着该途径的错误，因为相对于问题而言，Keep在更多的地方展现了其成功的一面。因此，借助互联网为体育培训产业赋能，是体育培训产业发展的必然趋势，但这条路并不平坦，还需要进行进一步的探索和实践。

第八章 体育产业发展的总体思路

第一节 发挥体育产业相关政策的作用

体育产业政策指国家为实现一定历史时期的体育产业路线而制定的行动准则，它是国家干预体育产业发展的一种经济政策，也是国家宏观领导，全面调控、优化和监督体育产业的发展和运行的重要依据和手段。就体育产业发展来说，政府政策起着至关重要的作用，其在为体育产业发展提供保障的同时，也用一双无形的手适度调控着市场，从而确保市场平稳、协调的运转。因此，政府应充分发挥体育产业政策的作用，具体可以从如下三个方面着手（图8-1）。

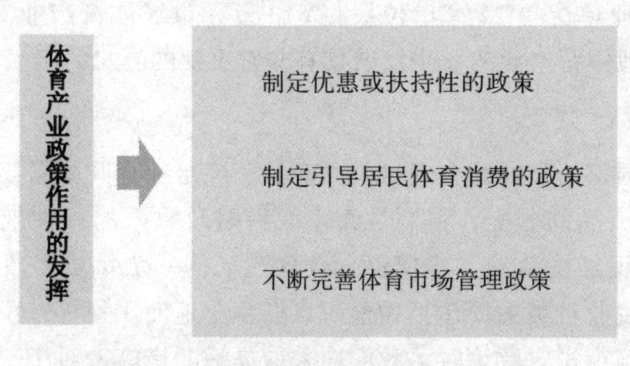

图 8-1 体育产业相关政策作用的发挥

一、制定优惠或扶持性的政策

政府优惠或扶持性政策的制定对于促进体育产业的发展起着非常积极的作用，尤其对于一些新兴的产业而言，在发展初期往往会遇到很多困难，政府优惠或扶持性政策的制定就显得更加有必要。政府制定优惠或扶持性政策，可从财政、税收、信贷等几个方面着手。

（一）财政政策

在体育产业发展的诸多影响因素中，公共体育设施是一个不能忽视的因素，因为公共体育设施的存在在一定程度上影响着社会大众的体育意识，也影响着社会大众参与体育运动的便利性。可以想象，如果一个社区内存在比较完善的大众健身场地，那么人们参与体育健身的积极性也会得到相应的提高，体育消费的行为也自然会随着增加；相反，如果一个社区内没有比较完善的大众健身场地，那么人们参与体育运动的积极性也会相应地降低，体育消费的行为也会随之降低。因此，在财政政策上，政府应重视对公共体育设施建设的投入，如完善大众体育健身场地、加强体育场馆的维护建设等，从而用公共体育设施的完善带动社会大众体育健身的热情，并增加社会大众的体育消费，进而带动体育产业的发展。

政府财政政策除面向公共体育设施建设外，还可直接面向体育产业，即结合市场发展以及体育产业的实际情况，在必要的时候给予一定的资金支持。例如，绍兴市体育局在其联合市财政局举行的绍兴市2020年体育企业座谈会中指出，绍兴市体育局向全市2个省级体育产业引导资金入库项目和浙江省体育制造业示范企业单位等22家单位拨付673万元市级体育产业专项引导资金。这对于促进当地体育产业的稳步发展具有非常重要的意义。

（二）税收政策

税收是指国家为了向社会提供公共产品、满足社会共同需要，按照法律的规定参与社会产品的分配，强制、无偿取得财政收入的一种规范形式，这也是国家调控国民经济活动、实现资金合理流动的一个重要手段。就体育产业而言，我国的税收种类主要包括增值税、城镇土地使用税等，税收政策比较完善。当然，在施行税收政策时，政府应采取灵活的措施，对于一些符合条件的企业，可以适当实施减免税政策。关于这一点，在《关于加快发展体育产业促进体育消费的若干意见》中也明确提到，政府应"进一步完善税费价格政策"，"充分考虑体育产业特点，将体育服务、用品制造等内容及其支撑技术纳入国家重点支持的高新技术领域，对经认定为高新技术企业的体育企业，减按15%的税率征收企业所得税"。

（三）信贷政策

从前文对体育产业的分析中不难看出，体育产业已经成为我国经济发展的一个重要支柱产业,所以为了进一步促进体育产业的发展,继续发挥体育产业的作用,政府应将该产业纳入信贷优惠的范畴,即对于一些符合条件的个人或企业给予低息或免息贷款。对于一些国家鼓励的体育产业部门,国家应进一步加大信贷优惠力度,如通过中介进行融资担保,将更多的资金引入体育产业,从而为体育产业的发展提供必要的经济保障。例如,河北省体育局联合中国银行河北省分行,从优化资源配置和授信政策、降低金融服务费用、提高服务质效、放宽抵押物限制、拓宽融资渠道、创新产品服务等方面,加大对体育企业的扶持力度,为体育企业渡过难关提供帮助。其中,中国银行将为河北体育产业、冬奥场馆及配套设施建设提供 100 亿元贷款额度支持。

二、制定引导居民体育消费的政策

2019 年 9 月 4 日,国务院办公厅发布了《关于促进全民健身和体育消费推动体育产业高质量发展的意见》(以下简称《意见》),《意见》明确指出,要强化体育产业要素保障,激发市场活力和消费热情,推动体育产业成为国民经济支柱性产业,积极实施全民健身行动,让经常参加体育锻炼成为一种生活方式。政府政策在引导居民消费上起着重要的作用,因为政府政策在宏观上可以调控市场,当政府政策持支持态度时,表明市场状况向好,社会大众消费的积极性也会相应地提高。就目前我国体育产业发展现状来看,其发展态势良好,且社会大众在体育消费上也表现出了较高的热情,所以政府应在政策上做好宏观指导,积极引导社会大众的体育消费。

为了响应国家政策,进一步促进全民健身和体育消费,很多地区也都结合当地的实际情况发布了更为详细的意见。例如,山东省青岛市在 2021 年 1 月 18 日发布了《青岛市人民政府办公厅关于促进全民健身和体育消费推动体育产业高质量发展的实施意见》,在体育消费方面,该文件明确指出:倡导体育消费新理念,培养终身运动习惯;培育体育消费新业态,努力形成体育消费线上、线下、居家、户外共同发展新态势;打造体育消费新模式,探索和试点包括全民健身公共积分、运动银行、消费券在内的方式鼓励群众进行体育消费;优化体育消费环境,探索建立健身消费卡预付资金托管模式,营造放心、便捷消费环境。

再如,广东省作为体育产业发展规模较大的省份,早在 2015 年便出台了相关文件——《广东省人民政府关于加快发展体育产业促进体育消费的实施意见》，该文件明确指出：充分发挥市场在资源配置中的决定性作用和更好发挥政府引导作用，进一步完善体育产业体系，积极扩大体育产品和服务供给，推动体育产业成为经济转型升级的重要力量，促进群众体育与竞技体育全面发展，加快建设体育强省，不断满足人民群众日益增长的体育需求，提高人民健康水平和生活品质。

在国家政策和各地政策的影响下，社会大众体育消费的热情进一步被释放出来，这极大地促进了体育产业的发展。以广东省为例，由广东省体育局发布的《2020年广东省体育产业报告》可知，2019年广东体育产业总规模达到5 403亿元，体育产业增加值1 884亿元，占GDP比重达1.75%，相关主要数据位居全国第一，总规模占比接近全国的1/5。2020年受新冠肺炎疫情影响，广东省包括体育产业在内的很多产业受到了一定程度的冲击，而为了确保体育产业的平稳发展，该省先后出台了《广东省体育强省建设实施纲要》等一系列文件，并强调要进一步培育壮大体育市场主体，激发体育消费活力。2020年广东省体育产业总产出（总规模）为5 149.94亿元，增加值为1 743.2亿元，总产出与增加值较2019年分别下降4.68%和7.47%。虽然数据上有所下降，但综合来看，广东省体育产业仍旧保持相对平稳的状态。不可否认，体育产业的发展受多方面因素的影响，但政府政策对消费者消费的引导无疑也发挥着极其重要的作用。

三、不断完善体育市场管理政策

在市场经济的大环境下，政府虽然要最大限度地降低对体育产业的约束，但为了确保体育产业的健康发展，避免体育产业出现野蛮生长的态势，政府管理不可或缺。关于这一点，国家体育总局出台了多项管理性的文件，如《体育市场管理条例》《关于进一步规范体育赛场行为的若干意见》《境外非政府组织在境内开展体育活动管理办法》《体育市场黑名单管理办法》等，这些管理性的政策文件对体育市场秩序的规范发挥了积极的作用。

当然，由于不同地区体育产业的发展存在差别，所以为了更有针对性地管理体育市场，各地还应制定更加具体的管理规范。例如，广东省便制定了《广东省体育市场管理暂行规定》（下称《规定》），在《规定》的第二条便指出了体育项目经营活动的范畴。凡是从事上述体育项目经营活动的个人和单位，都适用于本《规定》。

另外，为了更好地实施《规定》，广东省还同步制定了《规定》的实施细则，起到了非常积极的指导作用。

当然，要更好地管理体育市场，除了管理性文件外，还需要从更高层次制定一些法律法规。《中华人民共和国体育法》涉及体育管理体制、体育产业管理、体育赛事活动组织等多项内容，它是指导、规范和保障我国体育事业发展的一部重要法律。

总体而言，我国针对体育市场的管理政策比较完善，但就当前体育产业的发展来看，在互联网赋能下，体育产业的发展正迎来转型和升级期，所以很可能会发生一些之前不曾出现过的情况，所以政府应时刻保持对体育市场的敏感性，不断完善体育市场管理的相关政策，从而始终确保体育产业健康、可持续的发展。

第二节 优化体育产业结构

关于体育产业结构的基础性内容，笔者在本书第一章第三节已经做了系统的论述，所以在本节中，笔者仅就体育产业结构优化的必要性、体育产业结构优化中作用的主体和体育产业结构优化的策略做系统论述。

一、体育产业结构优化的必要性

优化体育产业结构，其最终目的就是为了促进体育产业健康、可持续的发展，但如果从产业结构的层面着手，体育产业结构优化的必要性主要体现在两个方面：一是合理化，二是高度化。

（一）合理化

关于产业结构的合理化，其实在古典经济学中便有相关的论述，其理论要点就是通过调节产业之间的结构，促进产业的协调发展。这一理论要点在今天同样适用，或者说在今天显得更加重要。与过去相比，如今的产业发展不再界限分明，而是开始逐渐融合，各产业之间的相互影响越来越突出，所以优化产业结构，使各产业或某产业下的各子产业之间协调发展，是促进产业健康、可持续发展的一个关键。

就体育产业发展而言，在基础性资源不变的情况下，通过调整产业结构，使产业结构更加的合理化，可以最大限度地发挥现有资源的效能，甚至催生新的经济增长点。至于体育产业结构合理化的方向，笔者认为可以以产业结构功能论、产业资源配置论、产业结构动态均衡论等理论为指导。

1. 产业结构功能论

产业结构功能论强调产业功能作用的发挥，即在调节产业结构时，以产业功能发挥的强弱为指导，产业结构的调整就是要不断增强产业所发挥的功能作用。

2. 产业资源配置论

资源是产业发展的一个重要基础，但在产业发展的过程中，有时资源并不是十分丰富，那么如何利用有限的资源发挥最大的效能，便是产业资源配置论强调的要点。由此可见，产业资源配置论强调资源的作用，即通过资源的有效配置和利用也能够实现产业结构的优化。

3. 产业结构动态均衡论

产业结构动态均衡论认为产业结构的合理化是一个动态发展的过程，即产业结构的合理化不是一蹴而就的，而是在不断的调整中逐渐趋于合理，并且在这个过程中需要企业、政府和消费者等多方的共同努力。

（二）高度化

产业结构的高度化是指产业结构由低级发展到高级，具体体现在高技术、高附加值、集约化等几个方面。

1. 高技术

在现代社会，科学技术是第一生产力，所以体育产业的生产应采用先进的科学技术，这样才能最大限度地提高体育产业的产能，从而为体育产业的发展提供生产保障。

2. 高附加值

附加值是指经济主体新创造出来的产品价值，包括资源附加值、产品附加值、资产附加值、资本附加值、企业附加值、产业附加值。对于包括体育产品在内的所有产品来说，附加值的提高代表着企业的利润也会相应地提高，这对于促进体育产业整体的发展来说具有非常积极的意义。

3. 集约化

所谓体育产业的集约化，就是指在体育产业发展的过程中，各部门从小规模到大规模，从分散到集中，从而提高体育企业的单位效益。

二、体育产业结构优化中作用的主体

体育产业结构优化中作用的主体有两个：一是政府；二是市场。所以在体育产业结构优化的过程中，要充分发挥政府和市场的作用，同时处理好二者之间的关系。

（一）政府行为与市场行为的耦合

政府与市场之间从来都不是非此即彼的关系，二者紧密联系，或者说通过一种耦合的关系共同影响着体育产业的结构。当然，二者的耦合关系虽然会自发产生，但为了进一步促进二者的耦合关系，还需要充分发挥政府的力量。政府与市场耦合促进体育产业优化并促进体育产业发展的过程如图8-2所示。

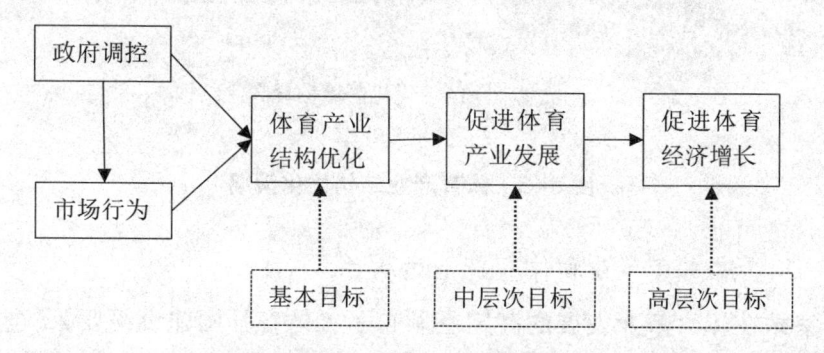

图8-2　政府与市场的耦合

（二）政府对市场的开放干预

在市场经济的大环境下，市场的运行往往由其自身决定，政府应持开放的态度，让市场自主运行。根据市场发展的规律来看，市场中其实存在一双无形的手进行调控，这种调控多数情况下是向好的方向发展，同时在市场的这种自由运转下，体育产业结构也会逐渐趋于合理化。当然，在少数情况下，市场那双无形的手也可能会失效，即出现市场失灵的情况，此时便需要政府的干预，以弥补市场的失灵，进而促进体育产业结构的优化。政府在干预的过程中，应把握好一个度，不能过多、过细地干预，也不能一刀切地盲目干预，否则会影响市场的健康发展，进而导致体育产业结构的进一步失衡。

三、体育产业结构优化的策略

体育产业结构不合理是影响体育产业发展的一个重要问题，这也是包括体育产业在内很多产业发展过程中都可能出现的一个现象，所以如何优化体育产业结构就显得非常重要。笔者认为，体育产业结构的优化可以从四个方面着手（图 8-3）。

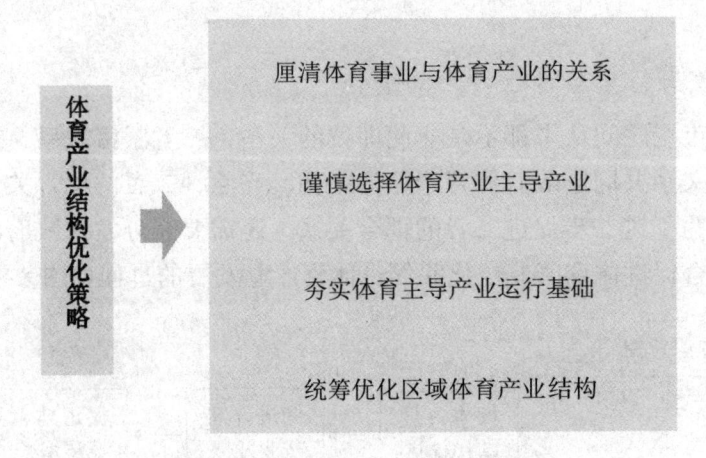

体育产业结构优化策略 → 厘清体育事业与体育产业的关系 / 谨慎选择体育产业主导产业 / 夯实体育主导产业运行基础 / 统筹优化区域体育产业结构

图 8-3 体育产业结构优化策略

（一）厘清体育事业和体育产业的关系

国家站在体育事业发展的高度上颁布了《体育强国建设纲要》《全民健身计划(2021—2025 年)》等文件，在这些文件中也指出了体育产业发展的重要性。但如果深入剖析体育事业和体育产业的关系便可以发现，二者虽然存在交集的部分，但二者的性质并不相同，并且在服务对象、运行机制、调控方式等方面也都存在差异。然而，目前一些体育部门的领导却将二者混为一谈，这显然不利于体育产业结构的优化，从而影响体育产业的发展，更不利于体育事业的进步。因此，要厘清体育事业和体育产业的关系，并充分认识发展体育产业在优化经济结构、引导居民消费、促进经济发展的重要作用。

（二）谨慎选择体育产业主导产业

主导产业指国民经济中生产发展速度较快并能带动一系列产业发展的部

门。① 具体到体育产业中，就是能够对体育产业结构和经济发展起导向性和带动性作用，能够迅速和有效地吸收创新成果，对其他子产业的发展有着广泛的影响，并具有广阔的市场前景的产业。任何产业的结构都处在动态演变的过程中，体育产业也是如此，其主导产业和非主导产业相互渗透，相互交错，共同对体育产业产生影响。但相对而言，主导产业对体育产业的影响更为突出。

因为主导产业对体育产业的影响较为突出，所以在选择体育产业的主导产业时要谨慎，这样才能使体育产业的整体结构达到一种相对的合理。那么什么样的产业才能成为主导产业呢？《中国市场经济学大辞典》指出了四个条件：

（1）该产业必须具有大规模产出的可能性；

（2）该产业应具有较强的市场扩张能力，其发展速度通常要超过其他产业；

（3）该产业的生产率能保持持续而迅速地增长势头；

（4）该产业符合节约能源、资源的标准。②

具体到体育产业中，体育产业的主导产业需要具备如下特点：

（1）具有较强的扩散效应，即该产业能够推动体育产业其他子产业的发展，也能够影响其他产业的发展；

（2）具有较强的结构转换效应，即在不同的经济发展阶段，对应着不同的主导产业群，在经济成长从低级向高级演变的过程中，主导产业也会依次相应地变化，从而推动产业结构的转换；

（3）具有较强的技术进步效应，即主导产业能够迅速将科学成果应用到产品制造上，从而实现产业的扩展。

综合上述分析，笔者认为在当前的市场环境下，笔者认为可将体育用品产业和体育竞技产业作为主导产业，二者相互依托，共同影响其他子产业的发展，如图8-4所示。

---

① 赵林如.中国市场经济学大辞典[M].北京：中国经济出版社,2019：260.

② 同上。

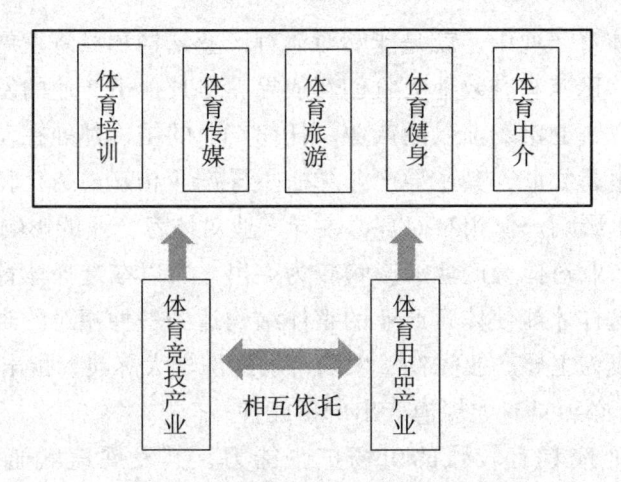

```
┌─────────────────────────────────────┐
│  体育   体育   体育   体育   体育    │
│  培训   传媒   旅游   健身   中介    │
└─────────────────────────────────────┘
            ↑              ↑
        ┌──────┐       ┌──────┐
        │体育  │←相互依托→│体育  │
        │竞技  │       │用品  │
        │产业  │       │产业  │
        └──────┘       └──────┘
```

图 8-4　体育产业主导产业的作用

（三）夯实体育主导产业运行基础

在体育产业结构的优化中，主导产业发挥着重要的作用，所以需要夯实体育主导产业的基础，具体可从如下几点着手。

1. 有一定的社会先行资本

所谓社会先行资本，就是一定的基础支撑，如体育场馆、体育运动公共设施等。关于这一点，笔者在前文有过多次阐述，体育场馆、体育运动公共设施能够在很大程度上提升社会大众参与体育运动的积极性，这能促进社会大众体育用品的消费，也能够带动人们在其他产业的消费，所以必须要有一定的社会先行资本。

2. 鼓励产业创新

技术创新是促进体育产业结构优化的一个重要推动力，能够缓解，甚至克服体育产业发展中的一些结构性矛盾，从而促使体育产业向着高度化的方向发展。但是，产业创新并不能一蹴而就，而是一个比较漫长的过程，在这个过程中，政府应制定明确的扶持政策，推进品牌战略的实施，鼓励和引导大型体育企业增加研发投入，开展技术创新、产品创新和营销手段创新，提高中国体育用品产业的自主创新能力。

3. 进行配套制度的改革

政府政策在促进体育产业（包括主导产业）发展上发挥着重要的作用，而在市场愈加复杂的今天，政府相应的配套制度要结合产业发展的情况进行及时的改革，这样才能充分发挥政府政策的作用，从而在夯实体育主导产业的基础上实现体育产业结构的优化。

（四）统筹优化区域体育产业结构

我国幅员辽阔，各地区之间不仅存在自然条件上的差异，而且在经济发展上也存在一定的差异，所以针对体育产业结构的优化不能忽视区域间体育产业的结构。政府在统筹优化区域间体育产业结构时，应实事求是，针对不同的地区制定不同的发展策略，从而使各区域的竞争优势充分发挥出来。在具体操作中，可从如下几方面着手。

第一，针对少数民族地区，可将体育产业的发展与民族体育结合起来，充分发挥传统体育项目的优势，同时打造具有特色的体育产品，包括体育旅游产品，从而形成优势互补、各具特色的区域体育经济，以此增强各区域体育产业市场竞争的实力。

第二，对于中西部地区，进一步加强基础设施建设，并从宏观角度对体育产业的发展进行合理规划，以此降低不同区域间体育产业发展的差异。与此同时，加强区域间的合作，这有助于实现区域间体育产业协调发展的目标。

第三，中西部地区虽然在经济发展上相对比较落后，但很多地区具有丰富的自然资源，要注意对这些自然资源的保护和开发，发展体育旅游产业，从而用体育旅游产业这一核心带动其他产业的发展。

第三节　增强体育产业人力资源支持

所谓体育人力资源，是指在体育领域内能够进行体力劳动和智力劳动的人的总称，而体育产业人力资源则是指可以将各种技术应用于体育经济活动的体育人力资源。对体育产业来说，人力资源是其发展的一个重要支撑，尤其在体育产业快速发展的今天，对体育产业人力资源的需求更为迫切，所以增强体育产业人力资源支持就显得非常有必要。关于体育产业人力资源的支持，可以从体育产业人才培养和体育产业人力资源的有效管理两个层面着手（图8-5）。

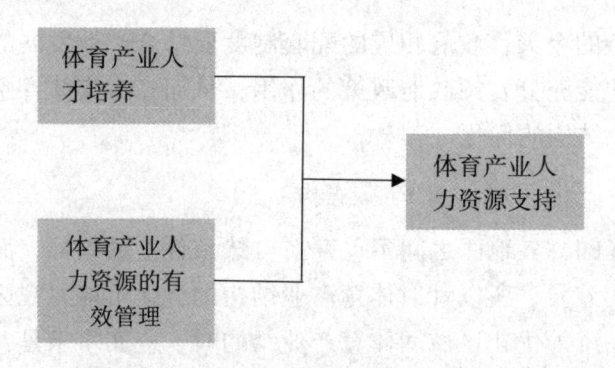

图 8-5　体育产业人力资源支持的两个层面

一、体育产业人才培养

（一）体育产业人才培养现状

体育产业人才的培养需要从政府、企业和高校三个层面着手，但为了初步了解当前体育产业人才培养的现状，笔者以体育相关企业为切入点，对 20 家体育相关的企业进行问卷调查，调查的内容主要包括三个方面：入职培训、外部培训（指让员工接受外部培训，如到高校或相关的机构接受培训）和培训次数，其调查情况见表 8-1、8-2、8-3。

表 8-1　体育相关企业员工入职培训情况

员工培训		数　量	比例 /%
入职培训	有	20	100
	无	0	0

表 8-2　体育相关企业员工外部培训情况

员工外部培训占比	数　量	比例 /%
> 50%	1	5
40%～50%	1	5
30%～40%	3	15
20%～30%	3	15

续 表

员工外部培训占比	数 量	比例 /%
10%～20%	4	20
<10%	6	30
0	2	10

表 8-3　体育相关企业员工培训次数情况

员工培训次数	数 量	比例 /%
≥6	2	10
5	3	15
4	5	25
3	6	30
2	3	15
1	1	5

根据表 8-1、表 8-2、表 8-3 的情况可知，所有的企业都能够重视员工的入职培训，但对员工外部培训的重视程度相对较低，而且员工的培训次数也比较少，大多数企业培训次数为 3～4 次。这从一定程度上反映出企业对员工培训与发展的重视程度较低。造成这一现象的原因是复杂的，综合来看，主要有如下两点。

1. 企业在人才培养上的投入不足

人才的培养往往需要投入一定的人力、物力和财力，但通过对企业的调查可知，很多企业在人才的培养上并不愿意投入过多的财力。在对企业调查的过程中，其实很多企业都表现出对人才的重视，但由于基层人员的流动相对较大，前期的投入很可能成为为他人做的"嫁衣"，所以很多企业在人才的培养上更加重视领导层，也愿意投入更多的资源，而对基层员工往往不愿意投入太多的资源。

2. 人才培养体系不完善

对任何企业而言，都应该有一套完整的人才培养体系，这样才有助于企业员工更好的进步,并在岗位上发挥更大的价值。然而,目前很多体育相关的企业在人才培养体系上还存在欠缺,即重视入职培训,但对入职后的在职培训却不够重视。人才养成是一个持续的过程,入职培训只是这个过程中的开端,后面还有很长的路要走。不可否认,在这条人才成长之路上,个人是关键,但如果企业能够通过完整的人才培养体系予以支撑,无疑会加快人才成长的速度,这对企业的长远发展是具有重要意义的。

（二）体育产业人才培养策略

体育产业人才的培养应该站在宏观的视角统筹规划,即从政府、企业和高校三个层面着手,同时,三者之间相互联系,共同为体育产业发展提供必要的人力资源支撑,如图8-6所示。

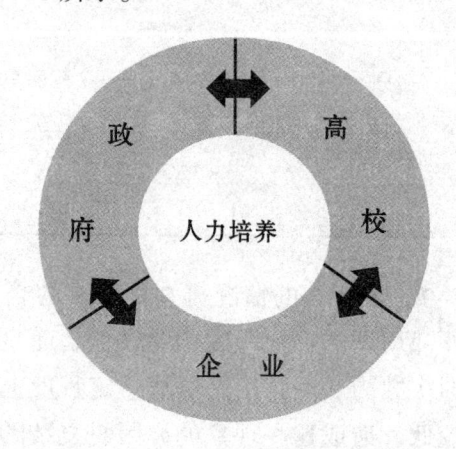

图8-6 体育产业人才的培养

1. 政府：构建完善的人才制度体系

政府应构建完善的人才制度体系,从制度层面为体育产业人才培养予以支持。具体可以从制定人力资源流动制度和加强人力资源市场监管两个方面去思考。

（1）制定人力资源流动制度。人力资源流动是指处于一定部门、地区和职业的人力资源发生了变化,进入新的部门、地区和职业工作岗位。在任何产业中,人力资源的流动都是必然存在的,这也是人力资源实现再配置的一个重要途径。但是,人力资源的流动也容易伴随一些问题,如流动人才的社会保障问题,如果一个地区不能为流动人才提供必要的社会保障,那么该地区也将很难留住人才，这对当地包括体育产业在内的所有产业的发展来说都是不利的。因此，政府应制定完善的人力资源流动制度，解除流动人才的后顾之忧，从而吸引更多的人才流入。

（2）加强人力资源市场监管。

为了保障劳动人员的基本权益，我国颁布了相关的法律法规，如《中华人民共和国劳动法》，与此同时，政府还成立劳动仲裁部门，其职责是解决劳动纠纷问题。但是，目前体育产业人力资源市场仍旧存在一些不完善的地方，政府应进一步加以规范，以确保体育产业人力资源交流机构及中介服务机构健康有序的发展。

2. 高校：构建完善的教育体系

作为人才培养的一个重要场所，高校应承担起社会责任，结合体育产业发展的需求，为体育产业培养合格的人才。因此，高校需要构建更加完善的教育体系。完善的教育体系包含多方面的内容，但综合来看，可以从理论课程和实践课程两方面着手。

（1）理论课程。理论课程应以专业必修课为核心，同时结合学生综合能力的发展开设专业选修课、公共课、基础课等课程，从而实现"一专多能"的目标。随着体育产业的不断发展，其对人才的要求逐渐从专业化向多元化转变，这就要求学校在培养人才时不能只注重专业能力，而是要注重学生综合能力的发展，这样才能满足体育产业发展的需求。

（2）实践课程。实践课程是培养学生能力的一个重要环节，然而很多高校却不重视实践课程的开展，这显然无助于学生能力的发展。关于实践课程，可以从两方面开展：一是社会实践，二是专业实习。社会实践不针对专业课程，而是涉及生活的方方面面，如参加社会公益活动。专业实习则是针对专业课程开设，即让学生在特定的时间到企业实习，通过实践操作，培养学生的动手实践能力。实践课程是高校教育体系中至关重要的组成部分，也是促进学生能力发展的一个重要环节，是每一所高校都不可忽视的部分。

3. 企业：构建完善的人才培养体系

就企业层面而言，人才培养体系的不完善是影响其人力资源建设的一个重要因素，所以每一个企业都应该重视其人才培养体系的建设，具体可以从如下三个方面着手。

（1）必要的资源投入。人才培养必然需要投入一定的人力、物力和财力，如果缺少了这些资源的支撑，人才培养的效益将大大降低。对于一个企业来说，其应从长远的角度做出思考，不能只看到短期的利益，所以必须要在人才培养上保证必要的资源投入。

（2）多样化的培训模式。在人才的培养模式上，企业不能局限于一种模式，而是要采取多样化的培训模式。比如，除了内部培训外，企业还可以从外部邀请专业人员进行培训，或者让员工到一些专业的培训结构接受培训。

（3）长期的培养计划。人才培养是一个长期的过程，从一个合格的员工成长为一个优秀的人才通常需要较长的时间，而且时代在不断发展，知识在不断更迭，企业需要为人才创造学习的机会，让人才的发展跟上时代的步伐。因此，人才培养计划应该是长期的。

二、体育产业人力资源的有效管理

（一）我国体育产业人力资源管理存在的问题

1. 管理观念陈旧传统

很多企业管理者在人才管理上的观念比较陈旧传统，这是导致企业人力资源管理效率低下的一个重要原因。人力资源管理是一个复杂的过程，因为对人的管理不同于对物的管理，其中需要考虑诸多的因素。然而，很多体育企业的管理者将人力资源管理简单化，仅仅依靠一个"管"字管理员工，这种管理方式确实简化了人力资源管理的流程，却忽视了员工的需求，导致员工的离职率较高，造成了人才的流失。

2. 管理手段单一

多样化的管理手段可以极大地提高企业人力资源管理的效率，但很多体育产业相关的企业在管理手段上常常是比较单一的，即只采取赏罚的方式。赏罚确实是一种员工有效管理的方式，但只采取赏罚的方式会显得企业缺乏人性化，所以除了赏罚的方式外，还应该探索更多适合企业的方式方法。

（二）我国体育产业人力资源有效管理策略

1. 树立以人为本的管理思想

所谓以人为本，简单来说就是以人为中心，这是现代企业管理中的一个核心理念。企业的管理者首先要从思想上认识到以人为本的重要性，否则就不可能从资源和组织上对人力资源管理和人才培养提供支持，那么有效的人力资源管理也便无从谈起。对于员工来说，薪资待遇是他们非常关注的一个因素，但管理者的管理方式也同样会对员工的感受产生影响。一种人性化的管理模式，一个能够让员工感受到被尊重、被关心的企业，也必然能够让员工产生责任感，而这种责任感的产生会激发员工自我提升的积极性，从而进入一种良性的循环。

2. 优化人力资源配置

人力资源配置的优化需要从政府和企业两个层面出发。首先，从政府的层面来看，人力资源配置需要以科学发展观为指导，在对市场进行宏观分析的基础上，对人力资源进行最优化的配置。在这一过程中，政府部门应充分发挥作用，将更多、更便捷的渠道提供到体育产业人力资源的配置中，要通过丰富、有效的方式吸引投资，使体育产业拥有更多的社会资本，还要对体育产业人力资源管理和服务的领域进行拓展，这样体育产业人力资源市场才能顺利开发，并得到一定的完善。

其次，从企业的层面来看，企业对人力资源配置的优化主要是为了让合适的人在合适的岗位。根据多元智能理论可知，人与人之间的能力并非是优劣的差别，而是在不同方面表现出不同的能力。由此可见，只要将合适的人安排到合适的岗位上，便可以最大限度地发挥其价值。因此，企业在人力资源管理上，应加强对员工的了解，在尊重员工意愿的基础上对员工岗位进行适当的调整，从而实现人力资源配置的优化。

3. 强化激励效应

强化激励效应就是要强化赏罚措施中"赏"的一面，因为相较于"罚"而言，激励往往能够发挥更大的作用，所以企业在人力资源管理上应强化激励效应，在具体实施中，可从如下三个方面入手。

（1）强化目标激励。目标如同个人前进路上的指南针，有了目标，才能明确前进的方向，所以企业应强化员工的目标激励。在目标设置上，企业应采取长期目标和短期目标相结合的方式，长期目标是员工长期努力的方向，短期目标便于完成，以使员工具有完成目标的信心。

（2）强化培训激励。强化培训激励就是要定期给员工进行培训，让员工感受到企业对他们的重视。至于培训的相关内容，笔者在前文已有论述，在此便不再赘述。

（3）强化考核激励。强化考核激励就是要用具体的考核措施对员工进行激励。比如，企业对通过考核的员工给予一定的经济奖励；对于没有通过考核的员工，不建议采取惩罚的措施，而是应该通过交谈的方式找到问题所在；如果员工长期不能通过考核，则可以采取上文提到的"人力资源配置"的方式，对员工岗位进行调整，将其调整到更加合适的岗位。

第四节　促进体育产业与"互联网+"的融合

随着互联网的发展，"互联网+体育"的模式应运而生。虽然"互联网+体育"模式出现的时间较短，但在互联网的赋能下，我国体育产业实现了进一步的发展。如今，互联网日新月异，体育产业的发展应继续探索和互联网的融合之道。

一、"互联网+"体育产业的概念与特征

（一）"互联网+"体育产业的概念

1. "互联网+"的概念

随着互联网的发展，"互联网+"的概念应运而生。2015年3月5日，李克强在十二届全国人大三次会议上，将"互联网+"推介到全国人民面前，并指出要"制订'互联网+'行动计划，推动移动互联网、云计算、大数据、物联网等与现代制造业结合，促进电子商务、工业互联网和互联网金融健康发展，引导互联网企业拓展国际市场"。那么，什么是"互联网+"呢？从其字面意思理解，"互联网+"就是"互联网+传统产业"，但由于互联网功能的强大，其对传统产业的赋能远远超出了人们最初的认知，所以从现代的角度去看，"互联网+"更像是一种经济形态。由此，我们可以从广义的角度对"互联网+"做一个概念上的界定："互联网+"是指在互联网的赋能下，运用互联网思维，将各个产业、行业、部门等与互联网融合。当然，由于互联网处在快速发展的阶段，"互联网+"的概念也会随着互联网的发展不断拓展，所以上

述概念的界定并不是一成不变，这一点是需要我们认识到的。

2. "互联网+"体育产业的概念

在对"互联网+"的概念界定之后，"互联网+"体育产业的概念也便不再难界定，简单来说就是将"互联网+"后面要"+"的产业限定在体育产业，即通过互联网思维发展体育产业。当然，这只是对其概念的表层界定，要深入了解"互联网+"体育产业的概念，还需要了解互联网对体育产业的影响层面。目前来看，互联网已经渗透到体育产业的方方面面，其对体育产业的影响涉及体育产品、体育市场和用户群体，同时，互联网的融入也促进了体育产业结构的重组和整合，并促进了体育产业的跨界融合，对带动整个体育产业的改革和创新发挥着积极的作用。

（二）"互联网+"体育产业的特征

在互联网的赋能下，体育产业发生了相应的变化，其表现出的特征也与传统体育产业有所区别，具体表现在如下几点。

1. 用户体验人性化

体育产业在很多方面表现出生活服务性的特点，所以用户体验是体育产业必然要关注的一点。在互联网出现之前，用户体验感受的收集只能通过实地调查的方式进行，这种方式不仅耗费人力、物力，而且效率低下，所以很多产业在用户体验上做得并不理想。而互联网的出现，为企业收集用户的体验反馈提供了便利的条件，企业可以针对用户的体验反馈做出调整，并设计出体验性更好的产品，从而更好地满足用户的需求。

2. 产业结构重塑化

"互联网+"的融入，使体育产业结构重塑升级成为大势所趋，这也是"互联网+"体育产业的一个重要特征。具体来说，"互联网+"对体育产业结构的重塑升级主要表现在两个方面。一方面，依靠互联网搭建的综合服务信息平台，打破了行业信息壁垒，大众获取信息变得更加便捷；另一方面，互联网的融入改变了产品营销的模式，产品营销的渠道从线下拓展到了线上。

3. 商业经营创新性

互联网的融入改变了体育产业传统的商业经营模式，这是"互联网+"体育产业非常突出的一个特征。比如，在商业经营思想上，很多企业实现了从

"产品端"到"客户端"的转变,即产品的生产要以客户为中心,无论是产品技术的创新,还是新产品的研发,都不能由企业单独做出决定,而是要全面考虑客户的需求,然后做出决定。再如,在经营方式上,互联网的融入使体育产业的经营模式实现了从"线下"到"线上"再到"线上线下融合"的方式的转变,即O2O的模式,该种模式重视消费者的线下体验,能够在多方面满足消费者的需求。

二、"互联网+"体育产业的呈现方式

互联网的融入促进了体育产业的改变,这种改变体现在很多方面。在此,笔者不一一列举,仅从体育产品、体育传媒、体育产业生态三个方面就"互联网+"体育产业的呈现方式做简要阐述(图8-7)。

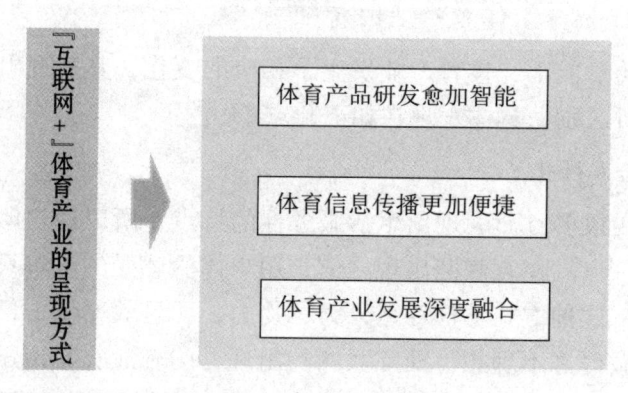

图 8-7 "互联网+"体育产业的几种呈现方式

(一)体育产品研发愈加智能

在互联网时代,随着信息技术的发展,体育产品的研发不断朝着智能化的方向发展,如智能手环、智能跑鞋、智能足球等。以近几年比较流行的智能足球为例,该足球除了具备传统足球的功能外,在足球内部还设置了传感器,传感器不仅能检测到运动员踢球的力度,还能记录足球的运动轨迹,然后通过对数据的分析,揭示运动员在技能、力度等方面存在的不足,从而为指导运动员提供参考。

体育产品的智能化除了体现在产品本身外,还体现在大数据、物联网等技术的运用中。例如,米高依托自身的行业实践和管理经验打造出了智慧运动场馆的解决方案,同时将新兴互联网技术、人工智能、大数据与物联网技术等应

用到旗下的"小米高飞"智慧门店，以及时了解用户、消费者之间的痛点问题，然后结合消费者的需求情况设计出更能满足消费者需求的体育产品。

此外，智能手机软件也是体育产品智能化的一个体现。如今，市场上出现了种类繁多的体育运动类软件，它们从不同的侧重点为消费者提供不同的体育运动服务。目前，我国常见的体育运动类软件主要有三种：体育预约软件、体育健身软件、社区软件，具体见表8-4。

表8-4 体育运动类软件

分 类	软件名	主要功能
体育预约软件	光猪圈	提供各健身房的信息，并提供健身运动预约服务
体育健身软件	Keep	提供健身教学、跑步、骑行、交友及健身饮食指导、装备购买等一站式运动解决方案
	乐动力	全天候自动记录用户运动行为
社区软件	懂球帝	提供全球体育足球新闻和深度报道
	群鼎体育	提供各大赛事的比赛情况和赛事分析

（二）体育信息传播更加便捷

在互联网出现之前，体育信息传播的方式主要有电视、报纸、杂志、广播等，这些传播方式都存在一定的局限性，或受时间的限制，或受空间的限制，而互联网的融入打破了信息传播的时间、空间壁垒，使得体育信息传播更加便捷。比如，通过手机上的视频播放类软件，用户可以随时随地观看体育赛事直播。当然，由于体育传媒展现出了巨大的商业价值，所以网络转播权便成了传媒竞争最激烈的一个领域。比如，阿里体育、腾讯体育、爱奇艺体育等企业便多次就一些重大体育赛事的转播权展开过竞争。

此外，由于体育信息传播变得更加便捷，所以体育信息的即时性更为凸显。所谓即时性，就是在规定时间内系统反应的能力，具体到体育信息的传播上，就是在最短的时间内将体育信息传播到用户的手中，这样才能最大限度地发挥体育信息的价值。在互联网出现之前，用户接受体育信息通常存在一定的延时性，而在互联网时代，信息的接收是即时的，这就要求体育信息的传播也是即时的，如果失去了时效性，那么所传播的体育信息的价值将大打折扣，甚至失去价值。

（三）体育产业发展深度融合

体育产业的融合发展主要体现在两个方面，一方面是体育产业子产业之间的融合，另一方面是体育产业与其他产业的融合。

首先，就体育产业子产业的融合来说，体育产业的子产业之间本来便存在着紧密的联系，互联网的出现进一步促进了各子产业之间的联系，也促进了各子产业间的融合。以上文提到的 Keep 软件为例，该软件最初的定位是一款社交属性的运动健身产品，其盈利的模式主要是售卖健身课程，从这一角度来看，其产业细分属于体育健身产业。但随着软件用户规模的不断扩大，Keep 不再局限于健身课程售卖，而是逐渐探索更多的商业化模式，如今它已成为集内容、硬件、软件、服务为一体的健身系统，其中便包括体育装备的售卖。如图 8-8 所示是 Keep APP 的首页，首页包括体育锻炼内容（跑步、瑜伽、行走等）、课程和商城等板块。Keep 作为一款借助互联网平台发展起来的软件，如今已经融合了体育产业中的多个子产业，并初步实现了吃、穿、用、练等各个维度商业化探索。

图 8-8 Keep APP 首页

第八章 体育产业发展的总体思路

其次，体育产业与其他产业的融合也逐渐成为一种趋势，如前文提到的体育旅游便是体育产业和旅游产业的融合，而在互联网的赋能下，体育产业与其他产业的融合得到了进一步的深化。以体育旅游为例，互联网的出现让游客的出行变得更加便利，游客只需要一部手机，便可以实现旅游景点查询、旅游路线查询、车票购买、门票购买等，这种便利性进一步推动了体育旅游产业的发展。例如，广东省旅游网（图8-9）是广东省一个专业性的旅游门户网站，该网站包含广东省各个地区旅游景点、酒店、特产、美食等内容的介绍，体育旅游爱好者可以结合自己旅游的需求查询相关地方的旅游信息，同时在网站中还可以搜索体育旅游相关的资讯，作为自己体育旅游的参考。

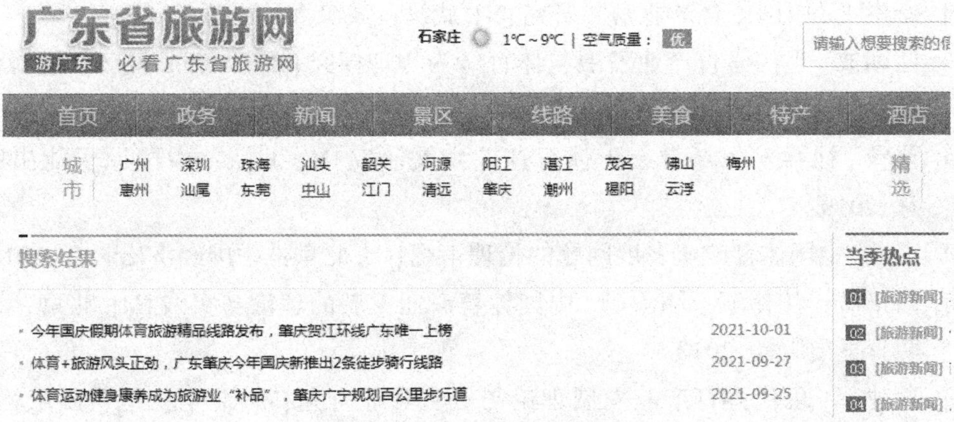

图8-9 广东省旅游网首页

参考文献

[1] 许进.体育产业的发展及市场化运营研究[M].徐州：中国矿业大学出版社，2018.

[2] 李崇飞.中国体育产业发展研究[M].武汉：武汉大学出版社,2016.

[3] 谢朝波.当代体育产业发展与体育行为心理探究[M].北京：北京日报出版社,2019.

[4] 苗苗.社会发展新常态下体育产业发展研究[M].北京：中国原子能出版社,2019.

[5] 李龙.中国体育产业发展问题的伦理审视[M].北京：中国经济出版社,2017.

[6] 高玉敏，沈伟斌，胡瑞敏.中国体育产业发展的理论与实践[M].北京：光明日报出版社,2018.

[7] 魏建军.现代体育产业发展理论与经营管理研究[M].北京：地质出版社，2019.

[8] 蔡宝家.区域休闲体育产业发展研究[M].厦门：厦门大学出版社,2017.

[9] 余少兵，朱莉.当代体育产业发展与心理学引入探究[M].北京：中国原子能出版社,2018.

[10] 李念.新时期推动我国体育产业高质量发展的路径探索[J].商展经济，2021(20):110-112.

[11] 田彦蕊，王森.民俗体育旅游产业发展研究[J].合作经济与科技，2021(21):26-27.

[12] 付东，杨雪梅，徐光斌.我国体育产业研究的动态演进与知识基础——基于CSSCI源文献的计量分析[J].体育学研究,2021,35(5):48-52.

[13] 王博识，葛翠柏.工匠精神引领下体育产业人才培养研究[J].职业技术,2021,20(11):103-108.

[14] 吕栋. 中国体育产业发展：机遇、挑战与转型策略——基于SWOT分析的视角[J]. 山西财经大学学报,2021,43(12):127-132.

[15] 李娜.VR技术对体育产业的潜在价值分析[J]. 科教文汇(中旬刊),2021(10):136-138.

[16] 尤传豹,高亮."十四五"时期我国体育产业发展[J]. 体育学研究,2021,35(5):2.

[17] 何志均. 优化粤港澳学校体育联盟促进区域体育产业发展[J]. 体育科技文献通报,2021,29(10):5-7.

[18] 徐运君. 健康中国背景下我国体育旅游休闲产业发展现状与对策探讨[J]. 体育科技文献通报,2021,29(10):61-63,93.

[19] 周倩,杨乙元,赵红丽,等. 贵州民族体育旅游产业与民族健身操赛事协同创新发展举措研究[J]. 文体用品与科技,2021(20):60-61.

[20] 努尔买买提·吾休."互联网+"我国冰雪体育旅游的营销模式和发展探究[J]. 文体用品与科技,2021(20):64-66.

[21] 刘理丹. 英国体育发展对我国体育的启示[J]. 文体用品与科技,2021(20):67-68.

[22] 吴雪梅. 长春市休闲体育圈规划及交通分析[J]. 综合运输,2021,43(10):139-144.

[23] 冯科,周静,花静. 发展农村体育产业助推农村经济增长[J]. 山西农经,2021(19):173-174,177.

[24] 余容平. 我国体育产业研究的知识图谱分析[J]. 西安文理学院学报(自然科学版),2021,24(4):123-128.

[25] 刘家韵,陆雨,王明伟."双循环"新发展格局下我国体育产业的宏观环境及发展对策分析——基于PEST模型[J]. 体育成人教育学刊,2021,37(5):32-37.

[26] 沈克印,曾玉兰,董芹芹,等. 数字经济驱动体育产业高质量发展的理论阐释与实践路径[J]. 武汉体育学院学报,2021,55(10):5-12.

[27] 董红刚,易剑东,任慧涛. 运动鞋服企业治理的国际经验借鉴及晋江转型发展路向[J]. 武汉体育学院学报,2021,55(10):33-39.

[28] 王倩,王硕,张佃波. 新冠疫情对中国体育产业影响的实证研究——基于事

件研究法 [J]. 武汉体育学院学报 ,2021,55(10):40-48.

[29] 开封市人民政府办公室 . 开封市人民政府办公室关于促进全民健身和体育消费推动体育产业高质量发展的若干意见 [J]. 开封市人民政府公报 ,2021(5):37-39.

[30] 任远 , 董晋 . 融媒体运营对新冠疫情影响下体育产业发展的"云"思考 [J]. 体育风尚 ,2021(10):123-124.

[31] 雷涛 , 赵旭 , 刘思荣 , 等 ."一带一部"背景下湖南体育产业发展现状及对策研究 [J]. 边疆经济与文化 ,2021(9):115-118.

[32] 刘广君 . 体育经济在国民经济发展中的地位探索 [J]. 中国市场 ,2021(28):59-60.

[33] 廖琛 , 曾凡智 , 农丽颖 . 后疫情时期广西体育旅游产业集群化发展策略 [J]. 当代旅游 ,2021,19(28):62-64,81.

[34] 陈元欣 . 体育新经济的发展趋势与前景展望 [J]. 人民论坛 ,2021(28):68-71.

[35] 靳丽娟 . 体育产业发展文献综述 [J]. 合作经济与科技 ,2021(19):38-39.

[36] 李英达 . 论休闲体育产业对我国经济持续发展的重要作用 [J]. 中国管理信息化 ,2021,24(19):145-146.

[37] 吕康强 , 杜熙茹 , 杨明 ."十四五"时期我国体育用品制造产业高质量发展的必要性及可行性 [J]. 体育学刊 ,2021,28(5):36-42.

[38] 谭强强 . 新冠疫情影响下体育产业的"困"与"变"[J]. 武术研究 ,2021,6(9):141-143.

[39] 杨科 . 发展我国农村休闲体育产业的对策分析 [J]. 当代农机 ,2021(9):47-48.

[40] 周兰 , 侯丽佳 , 麻琦 , 等 . 粤港澳大湾区体育产业结构的优化研究 [J]. 体育风尚 ,2021(10):127-128.

[41] 赵朗 . 新媒体时代我国体育产业的发展思考 [J]. 体育风尚 ,2021(10):279-280.

[42] 王立 , 边丹丹 . 试论冬奥会对体育产业发展的影响 [J]. 冰雪体育创新研究 ,2021(19):29-30.

[43] 吴笛 ."互联网 +"时代下冰雪体育产业发展探究 [J]. 冰雪体育创新研究 ,2021(19):39-40.

[44] 焦子夏 . 民族体育文化传承对推动体育经济产业发展的研究 [J]. 冰雪体育创新研究 ,2021(19):50-51.

[45] 倪鹏程.体育产业发展视角下高职体育创新创业人才培养思考[J].山西青年,2021(18):149-150.

[46] 董红刚,孙晋海.体育产业:以关键词为视角的学术观念史叙事[J].体育与科学,2021,42(5):37-45,65.

[47] 徐诚炜.中国体育产业发展存在的问题及应对之策——评《"互联网+"背景下中国体育产业发展模式研究》[J].科技管理研究,2021,41(18):246.

[48] 梁智科.我国体育产业发展现状及对策研究[J].冰雪体育创新研究,2021(18):24-25.

[49] 花楷.体育新经济高质量发展:学理逻辑、现实困境与实现路径[J].天津体育学院学报,2021,36(5):574-580.

[50] 许明轩."十四五"时期我国冰雪旅游产业发展路径研究[J].湖北体育科技,2021,40(9):778-781,824.

[51] 王先亮.体育特色小镇的产业聚集与空间分布[J].中国体育科技,2021,57(9):90-97.

[52] 杨斌.基于资源基础理论的粤港澳大湾区体育产业资源要素研究[J].当代体育科技,2021,11(26):137-141.

[53] 葛瑞春.体育产业对我国体育发展的影响研究[J].当代体育科技,2021,11(26):155-157.

[54] 吴自强,周元超.乡村振兴战略背景下湖南省体育特色小镇的发展策略[J].湖北体育科技,2021,40(9):770-773,833.

[55] 胡摇华,蔡犁.人工智能与体育产业融合发展的现实审视与推进策略[J].体育科研,2021,42(5):77-82.

[56] 张凯,陶玉流.我国体育产业政策的演变趋势与特征——基于2012—2019年的政策文本分析[J].体育科研,2021,42(5):83-89.

[57] 姚冰,何潇蓉,肖钦文.基于耦合协调模型的体育—旅游—文化产业融合发展研究——以河北省张家口市为例[J].河北科技大学学报(社会科学版),2021,21(3):17-24.

[58] 刘广君.篮球文化与体育产业经济发展的关联性探究[J].中国市场,2021(25):58-59.

[59] 朱浩,张凤,朱勇强,等.基于SWOT分析下的环巢湖体育旅游产业发展研

究[J].陇东学院学报,2021,32(5):120-124.

[60] 包汉文,胡光辉,刘佰勇.体育消费视域下冰雪体育旅游产业发展问题研究[J].体育风尚,2021(9):180-181.

[61] 郭忠,郭琳.供给侧改革背景下体育产业发展的困境及其解决对策[J].冰雪体育创新研究,2021(17):31-32.

[62] 余正.我国体育产业管理体制改善策略研究[J].体育风尚,2021(9):154-155.

[63] 刘美晨.体育产业在高校中发展的局限性及其对策研究研讨[J].中国市场,2021(25):54-55.

[64] 吴永刚.中国体育旅游现状、矛盾与治理研究[J].文体用品与科技,2021(18):68-69.

[65] 董毅.探索经济新常态下我国多层次体育产业资本市场政策体系的构建与发展路径[J].北京印刷学院学报,2021,29(8):26-28.

[66] 王孟.河南省大型体育赛事的优化发展路径研究[J].管理工程师,2021,26(4):54-60.